Sicher zum Grundwortschatz 4

Ein Lehrgang zum richtigen Schreiben

Erarbeitet von
Günter Gramsamer
Franz Holzner

Beratung von
Roswitha Bolvansky
Martina Hofele

Ernst Klett Verlag
Stuttgart · Leipzig

Verträumter Schulanfang

Übungswörter

bauen
frei
schimpfen
schweigend
Unterricht
Urlaub
Strand
bereits
Durst
erlauben
Erlebnis
Pause
zeichnen

Seit dem Ende der Ferien sind bereits drei Wochen vergangen. Die freien Tage liegen für Leon weit zurück. Während des Unterrichts träumt er immer noch vom Urlaub. Still zeichnet er Fischerboote und den Strand, an dem er große Sandburgen gebaut hat. Seine Eltern hatten ihm erlaubt, mit den Fischern mitzufahren. Das war ein besonders schönes Erlebnis. Plötzlich hört Leon seinen Namen. Schweigend steht er auf. Ob die Lehrerin mit ihm schimpft? Doch diese lacht nur und sagt: „Hast du keinen Durst? Es ist Pause!“

1. Lies die Geschichte.
Besprich mit deinem Partner, warum die Lehrerin lacht.

2. Sprich die **Übungswörter** deinem Partner so deutlich vor, dass er jeden Laut hört.

3. Schreibe die drei Wörter auf, bei denen die Zahl der Buchstaben und die Zahl der Laute übereinstimmen.

____

4. Schreibe die zehn **Übungswörter** auf, die mehr Buchstaben als Laute haben.

____

____

5. Unterstreiche die **Übungswörter** im Text.

6. Schreibe die sechs **Übungswörter** auf, die im Text verändert sind.

____

____

7. Welche **Übungswörter** passen? Trage sie in Druckschrift ein.

8. Schreibe die fünf **Übungswörter** auf, die drei Mitlaute hintereinander enthalten.

---

9. Sechs **Übungswörter** sind Nomen (Namenwörter).
Schreibe sie mit Artikel (Begleiter) auf.

10. Schreibe die **Übungswörter** **bauen**, **schimpfen**, **zeichnen** in den Personalformen der Gegenwart auf.

ich	du	er/sie/es	wir

11. Schreibe zu jeder Personalform von Aufgabe 10 einen Satz auf.

12. Setze die folgenden **Übungswörter** so ein, wie sie in der Geschichte stehen.

Unterricht · zeichnen · bauen · schimpfen · frei · erlauben

Leon träumt während des ______________ von den ____________ Tagen.

Er ________________ bunte Fischerboote und

die Sandburg, die er __________________ hat.

Die Lehrerin __________________ nicht mit Leon.

Sie __________________ ihm, in die Pause zu gehen.

Wörter ordnen und nachschlagen

1. Schreibe die Buchstaben in der Reihenfolge des Abc auf.

2. Trage die zu den Bildern passenden Wörter nach dem Abc geordnet ein.
Das Lösungswort nennt eine beliebte Zeit in der Schule.

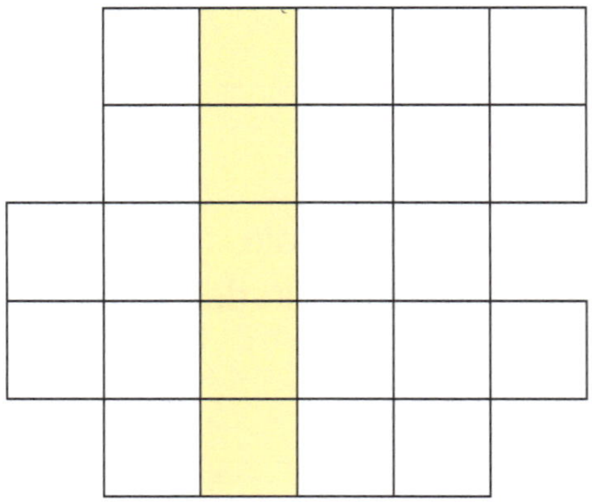

3. Unterstreiche in den folgenden Wörtern den ersten Buchstaben.
Schreibe sie dann in der Reihenfolge des Abc ab.

Geld Pinsel Hans Tochter Note Schale Flasche Ostern Christ

4. Bei den folgenden Wörtern bestimmt der zweite Buchstabe die Reihenfolge.
Trage sie nach dem Abc geordnet ein. Überprüfe mit dem Wörterbuch.

Bahn ________

________ Fuchs

Geld ________

________ Kunst

Magnet ________

5. Bei diesen Wörtern musst du auf den dritten Buchstaben achten. Unterstreiche ihn. Trage die Wörter nach dem Abc geordnet ein.

Nadel	Braten
Kirche	Motor
Bruder	Nase
Mode	Kind
Kiste	Brot
Natur	Mond

Ⓑ ____________________
____
____

Ⓚ ____________________
____
____

Ⓜ ____________________
____
____

Ⓝ ____________________
____
____

6. Unterstreiche den Buchstaben, der die Ordnung nach dem Abc bestimmt. Gib dann durch Ziffern an, wie die Wörter nach dem Abc zu ordnen sind.

◯ pflücken	◯ Pflege	◯ Pflanze	◯ Pflicht
◯ Streit	◯ Strafe	◯ Strom	◯ Strick
◯ Schnabel	◯ Schrift	◯ Schale	◯ Schlange

7. Schreibe die Wörter in jeder Zeile nach dem Abc geordnet auf. Unterstreiche immer den Buchstaben, der die Reihenfolge bestimmt.

Gras	Beruf	Natur	____________________
Kirche	Kasten	Kerze	____________________
Schule	schmal	schlecht	____________________
Mauer	Marke	Mantel	____________________

8. Überprüfe deine Lösungen in den Aufgaben 5, 6 und 7 mit dem Wörterbuch.

Kurze und lange Selbstlaute/Umlaute

1. Male unter kurz gesprochene Selbstlaute einen Punkt.
Zeichne unter lang gesprochene Selbstlaute einen Strich.

Christ Vase Pilz Brot zwölf Schwan Saft Topf

Bär Tafel Glas Wort Holz Luft Schnur Käfig

2. Zähle bei den Wörtern in Aufgabe 1 die Mitlaute,
die nach den kurz gesprochenen Selbstlauten kommen.
Zähle die Mitlaute, die nach den lang gesprochenen Selbstlauten kommen.

3. Ergänze den Satz:

Nach einem betonten kurz gesprochenen Selbstlaut oder Umlaut

folgen meist ______________ ______________________ .

4. Male unter kurz gesprochene Selbstlaute oder Umlaute einen Punkt.
Markiere die darauffolgenden Mitlaute.

Apfel Punkt Nagel töpfern Hafen Hände Böschung Schale

Bürste alt Dose schätzen Flug Nadel Lob klug rufen

Wagen tröpfeln Nudel Bluse Ufer Stift sagen Ampel

5. Suche im Wörterverzeichnis zehn Wörter mit kurz gesprochenem Selbstlaut oder Umlaut, auf den zwei verschiedene Mitlaute folgen.

____

____

6. Schreibe drei Sätze auf, in denen möglichst viele Wörter von Aufgabe 5 vorkommen.

Wörter mit doppeltem Mitlaut

1. Male unter kurz gesprochene Selbstlaute einen Punkt.
Zeichne unter lang gesprochene Selbstlaute einen Strich.

Abend Christ Weg Müll hart schaffen Tanne üben

Text Natur Sturm klettern fertig Stoff schön

2. Ordne die Wörter aus Aufgabe 1 zu.

Lang gesprochener Selbstlaut oder Umlaut mit einem folgenden Mitlaut	Kurz gesprochener Selbstlaut oder Umlaut mit zwei verschiedenen Mitlauten	Kurz gesprochener Selbstlaut oder Umlaut mit zwei gleichen Mitlauten

3. Ergänze den Satz:

2

Folgt auf einen betonten kurz gesprochenen Selbstlaut oder Umlaut nur ein Mitlaut, so wird dieser meist ver________________ .

Der Mitlaut wird nicht verdoppelt, wenn auf einen betonten kurz gesprochenen Selbstlaut ______ ________________ Mitlaute folgen.

4. Hier entstehen Wörter mit doppeltem Mitlaut.
Ersetze den zweiten Mitlaut durch Verdoppelung des ersten.

das Feld – das Fe____	der Wald – der Wa____	stark – sta____
falten – fa____en	die Taste – die Ta____e	die Pilze – die Pi____e
das Herz – der He____	tanzen – die Ta____en	die Wolke – die Wo____e
die Wanze – die Wa____e	der Schutz – der Schu____	das Rind – die Ri____e

Wörter mit doppeltem Mitlaut

1. Erkläre deinem Partner die unterschiedliche Schreibweise.

Hütte – Hüte   Ratte – raten   offen – Ofen   schallen – Schalen

2. Schreibe die Wörter mit doppeltem Mitlaut geordnet auf.
Unterstreiche **ff**, **ll**, **mm**, **nn** und **tt**.

Tanne, hoffen, rennen, fett, kämmen, donnern, Schall,
schütteln, Gewitter, Stamm, Löffel, dumm, klettern, beginnen,
Brille, Gott, offen, Quelle, bestimmt, Nummer, brennen, schaffen,
Müll, dünn, Stoff, glatt, treffen, Teller, voll, schwimmen

-ff-	-ll-	-mm-	-nn-	-tt-

3. Schreibe die Reimwörter auf. Unterstreiche die doppelten Mitlaute.

rennen	nennen	gewinnen	Kanne	Bett
br ______	k ______	beg ______	T ______	F ______
rütteln	platt	Schwamm	schwimmen	nett
sch ______	gl ______	K ______	st ______	f ______
Klasse	krumm	Grille	Kummer	Ball
T ______	d ______	Br ______	N ______	Sch ______

4. Schreibe die Nomen (Namenwörter) in der Mehrzahl auf.
Unterstreiche die doppelten Mitlaute.

der Stamm – die __________   der Kamm – die __________

die Brille – die __________   die Quelle – die __________

5. Bilde von diesen Adjektiven (Wiewörtern) die Höherstufe. Unterstreiche die doppelten Mitlaute.

fett – ______ hell – ______ dünn – ______

schnell – ______ dumm – ______ glatt – ______

6. Ergänze die Verben (Tunwörter) in der Gegenwartsform.

Das Haus ______ lichterloh.

Julia ______ gerne ihren Hund.

Der Ball ______ den Hang hinunter.

Die Polizei ______ den Autofahrer.

Ben ______ auf gute Zeugnisnoten.

Cem ______ das Rätsel lösen.

rollen | können | brennen | hoffen | stoppen | kämmen

7. Schreibe Sätze mit diesen Verben (Tunwörtern) in der Gegenwartsform.

trennen | treffen | kennen | brennen | rollen | klettern

8. Bilde von den Verben (Tunwörtern) die 1. Vergangenheit. Überprüfe mit dem Wörterverzeichnis.

beginnen – Er ______ .

rennen – Sie ______ .

brennen – Es ______ .

gewinnen – Wir ______ .

schwimmen – Ich ______ .

kennen – Er ______ ihn.

9. Unterstreiche bei den Wörtern der Aufgaben 7 und 8 den doppelten Mitlaut.

Wörter mit tz

1. Male unter den kurz gesprochenen ersten Selbstlaut oder Umlaut einen Punkt.
Unterstreiche **tz**.

Katze sitzen Platz Satz Mütze hetzen Netz Pfütze putzen Witz

2. Verteile die Wörter richtig.

Blitz spitz Pilz kurz Gesetz Ranzen Hitze tanzen

Wörter mit **tz**:

____

Wörter mit **z**:

____

3. Unterstreiche in Aufgabe 2 bei den Wörtern mit **z** den Buchstaben vor dem **z**.

4. Ergänze:

Nach einem kurz gesprochenen Selbstlaut oder Umlaut schreibe ich

statt Doppel-**z** meist ______. Nach ____, ____, ____ steht kein **tz**.

5. Schreibe das passende Nomen (Namenwort) dazu.
Markiere den kurz gesprochenen Selbstlaut oder Umlaut und das **tz**.

blitzen – der ____________ spitz – die ____________ kratzen – der ____________

schützen – der ____________ hitzig – die ____________ witzig – der ____________

schmutzig – der ____________ nützen – der ____________

Wörter mit ck

1. Male unter den kurz gesprochenen Selbstlaut oder Umlaut einen Punkt.
Unterstreiche **ck**.

Wecker   Glocke   Schnecke   Jacke   bücken   Dackel   Sack   Mücke   Rücken

2. Verteile die Wörter richtig.

Decke   Ecke   merken   Wolke   Onkel   trocken   Blick   zurück

Wörter mit **ck**:

____

Wörter mit **k**:

____

3. Unterstreiche bei den Wörtern mit **k** den Buchstaben vor dem **k**.

4. Ergänze:

Nach einem kurz gesprochenen Selbstlaut oder Umlaut schreibe ich

statt Doppel-**k** meist ______. Nach ____, ____, ____ steht kein **ck**.

Merke dir die Ausnahmen!
Sakko   Trekking

5. Schreibe das passende Nomen (Namenwort) dazu.
Markiere den kurz gesprochenen Selbstlaut oder Umlaut und das **ck**.

wecken – der ____________   backen – der ____________   blicken – der ____________

packen – das ________chen   dreckig – der ____________   glücklich – das ____________

drücken – der ____________   schmecken – der Ge____________   eckig – die ____________

Wörter mit ss und ß

1. Male unter kurz gesprochene Selbstlaute oder Umlaute einen Punkt.
Zeichne unter lang gesprochene Selbstlaute oder Umlaute einen Strich.

Fluss Bluse essen Klasse lassen lesen Gräser flüssig

Messer Kuss müssen böse Wasser Hose besser Nässe

2. Ordne die Wörter von Aufgabe 1 richtig zu.

Lang gesprochener Selbstlaut oder Umlaut	Kurz gesprochener Selbstlaut oder Umlaut

3. Achte beim Sprechen auf die Länge der Selbstlaute oder Umlaute.
Ordne die Wörter ein.

Maß Füße Fleiß Spaß bloß reißen

süß draußen beißen Größe Straße grüßen

Selbstlaut vor **ß**: ______________________________

Umlaut vor **ß**: ______________________________

Doppellaut (Zwielaut) vor **ß**: ______________________________

4. Unterstreiche bei den Wörtern in Aufgabe 3 Selbstlaute, Umlaute und Doppellaute (Zwielaute) vor dem **ß**.

5. Ergänze den Satz:

5

Der s-Laut wird nach einem __________ gesprochenen __________

oder __________ oder nach einem __________
als **ß** geschrieben.

6. Bilde die Höherstufe und die Höchststufe der Adjektive (Wiewörter).

süß – ____________ – am ____________ groß – ____________ – am ____________

7. Wird der Selbstlaut, Umlaut oder Doppellaut (Zwielaut) lang oder kurz gesprochen? Ergänze entsprechend **ß** oder **ss**.

der Fu______ – die F____________ der Strau______ – die Sträu____________

der Gru______ – die Gr____________ der Spa______ – die Spä____________

der Flu______ – die Fl____________ der Ri______ – die R____________

8. Wird der Selbstlaut, Umlaut oder Doppellaut (Zwielaut) lang oder kurz gesprochen? Ergänze entsprechend **ß** oder **ss**.
Überprüfe mit dem Wörterbuch.

	Gegenwart	1. Vergangenheit	Nomen (Namenwort)
messen	er ____________	er ____________	das ____________
wissen	er ____________	er ____________	das ____________
beißen	er ____________	er ____________	der ____________
reißen	er ____________	er ____________	der ____________

9. **s** oder **ss** oder **ß**? Ergänze richtig. Überprüfe mit dem Wörterbuch.

flü______ig le______en flei______ig au______en kü______en ra______en

Kompa______ Ma______ Be______en Kä______e Ta______e Strau______

10. **k** oder **ck**? Ergänze richtig. Überprüfe mit dem Wörterbuch.

we______en qua______en trin______en den______en pa______en

schme______en dun______el Pa______et Glü______ Brü______e

Wörter mit v/V

1. Ergänze **v** oder **V**. Unterstreiche dann die Merkstelle.

___ase ___olk ___ideo ___eilchen bra___ Kur___e

No___ember ___oll Ad___ent be___or Kla___ier ___iel

2. Bilde Sätze mit den Nomen (Namenwörtern) aus Aufgabe 1.

3. Schreibe Verben (Tunwörter) mit den Vorsilben **ver-** und **vor-** auf.

ver- brennen packen brauchen binden petzen sprechen

vor- lesen schreiben machen kommen schlagen stellen

4. Erkläre deinem Partner, wie sich die Bedeutung der Wörter von Aufgabe 3 durch die Vorsilben verändert.

5. Ergänze den Satz:

Mit den Wortbausteinen **Ver-/ver-** und **Vor-/vor-** kann man neue Wörter bilden. Sie werden immer mit ___________ geschrieben.

6. Ergänze. Markiere die Merkstelle.

	Gegenwart	1. Vergangenheit
vergessen	Er ___________ es.	Er ___________ es.
verlieren	Du ___________ es.	Wir ___________ es.
verletzen	Er ___________ sich.	Ich ___________ mich.

7. Schreibe Sätze mit den Wörtern **verschmutzen**, **verspäten**, **vorsichtig**.

Wörter mit dem ks-Laut

1. Ordne die Wörter. Unterstreiche die Merkstellen **chs**, **cks**, **x**.

Klecks	wechseln	Fuchs	Knacks	Text
Gewächs	mixen	boxen	links	extra
Ochse	Keks	Hexe	Knicks	wachsen

-ks-: ______________________ -cks-: ______________________

-x-: ____

-chs- : ____

2. Bilde Reimwörter. Unterstreiche die Merkstellen **chs** und **x**.

Wachs	Luchs	Büchse	Maxi
D__________	F__________	F__________	T__________

3. Ergänze jeweils die du-Form. Unterstreiche die Merkstellen.

blicken – *du blickst* ______________ schmecken – ______________________

locken – ______________________ schlucken – ______________________

necken – ______________________ schicken – ______________________

4. Welcher ks-Laut fehlt? Ergänze. Überprüfe mit dem Wörterbuch.

Emma we______elte ihre Schuhe. Ingo hatte leider eine verkle______te Heftseite.

Paul bo______te im Sportverein. Letztes Jahr wu______ der Baum fast gar nicht.

5. Lass dir die Wörter der Aufgaben 1 und 3 von deinem Partner diktieren. Vergleiche dann.

Sicher werden beim Aufschreiben

Bei einigen Wörtern hilft dir deutliches Sprechen, sie richtig aufzuschreiben.
Bei anderen musst du dir eine Besonderheit einprägen.

1

So schreibst du Wörter zum Mitsprechen auf:
1. Sprich das Wort deutlich Laut für Laut.
2. Schreibe das Wort und sprich dabei deutlich mit.
3. Lies das geschriebene Wort nun Laut für Laut.
4. Prüfe, ob du keinen Laut vergessen hast.
   Berichtige Fehler.

2

So schreibst du Wörter mit Besonderheiten auf:
1. Lies das Wort. Schaue es Buchstabe für Buchstabe an.
2. Unterstreiche Besonderheiten im Wort.
3. Merke dir das Wort. Decke es ab.
4. Sprich dir das Wort vor. Schreibe es auswendig auf.
5. Vergleiche mit der Vorlage. Berichtige Fehler.

1. Lies diese Wörter. Prüfe an jedem Wort, welcher der Übungshinweise dir hilft, richtig aufzuschreiben. Unterstreiche mit zweierlei Farben.

Rechenbuch	Großstadt	Schalter	Geschichte
Druckerei	Fleiß	Kalender	mixen

2. Schreibe die Wörter aus Aufgabe 1 nach diesen Hinweisen auf.

3. Auch Reimwörter helfen dir beim richtigen Schreiben.
Ergänze und unterstreiche, was gleich bleibt.

hell	Lücke	spitz	essen
F ______	Br ______	W ______	m ______
schn ______	M ______	Bl ______	fr ______

So schreibst du Sätze auf:

1. Lies zuerst den ganzen Satz.
2. Teile den Satz in kurze Abschnitte ein.
3. Merke dir einen Abschnitt. Sprich ihn dir vor.
4. Decke diesen Abschnitt ab. Schreibe ihn auswendig auf.
5. Vergleiche mit der Vorlage und überprüfe Wort für Wort. Berichtige Fehler.

3

3 **4.** Lies die Geschichte. Schreibe die Sätze dann Abschnitt für Abschnitt auf. Achte auf die unterstrichenen Wörter. Sie enthalten eine Besonderheit.

Gestern war Nina | bei ihrer Freundin Hilde.

Sie hat | eine kleine Katze bekommen.

Die lag ausgestreckt | auf der Sonnenbank.

Die beiden Mädchen | streichelten ihr weiches Fell.

Da fing sie an, | laut zu schnurren.

5. Unterstreiche Wörter, bei denen du dir eine Besonderheit merken willst.

In Marias Klasse ist eine neue Mitschülerin. Nach kurzer Zeit nennen sie alle die schnelle Betti. Dabei macht sie alles langsam wie eine Schnecke. Für alle Schularbeiten braucht sie sehr lange. Nur in die Pause rennt sie ganz schnell hinaus. Alle mögen sie gern, weil sie immer fröhlich ist.

3 **6.** Schreibe die Geschichte ab.

Umweltsünden

Bei ihrem Unterrichtsgang entdeckten die Kinder der Klasse 4 a immer wieder Müll. Sie waren entsetzt über diese Verschmutzung der Umwelt. An einem Umwelttag räumten sie den Unrat weg. Danach informierten sie sich im Rathaus der Gemeinde über die verschiedenen Gesetze zur Müllentsorgung und die Bestimmungen zum Schutz der Natur. Dort erfuhren sie auch, dass viele Flüsse verschmutzt werden, obwohl auch dies verboten ist. Zuletzt lernten sie, dass Umweltsündern, die gegen Verbote verstoßen, empfindliche Strafen drohen.

Übungswörter

Müll	Natur
Umwelt	zuletzt
Fluss	Schutz
Gesetz	Verbot
Gemeinde	
verschmutzt	
verboten	
empfindlich	
Verschmutzung	

1. Lies die Geschichte. Sprich mit deinem Partner über die Möglichkeiten der Abfallvermeidung in eurer Schule.

3 2 **2.** Schreibe die **Übungswörter** mit **tz** auf. Male bei jedem Wort unter den kurz gesprochenen Selbstlaut einen Punkt. Unterstreiche **tz**.

____

____

2 **3.** Schreibe die **Übungswörter** mit doppeltem Mitlaut auf: ________________
Erkläre deinem Partner die Schreibung.

4. Schreibe die drei **Übungswörter** mit einem lang gesprochenen Selbstlaut auf. Unterstreiche diesen.

____

6 2 **5.** Schreibe die **Übungswörter** auf, die mit **V/v** beginnen. Unterstreiche **V/v**.

____

6. Welche **Übungswörter** sind das? Ergänze.

z l______ G s______ N______ G m d______ Sch______

7. Welche **Übungswörter** passen? Trage sie in Druckschrift ein.

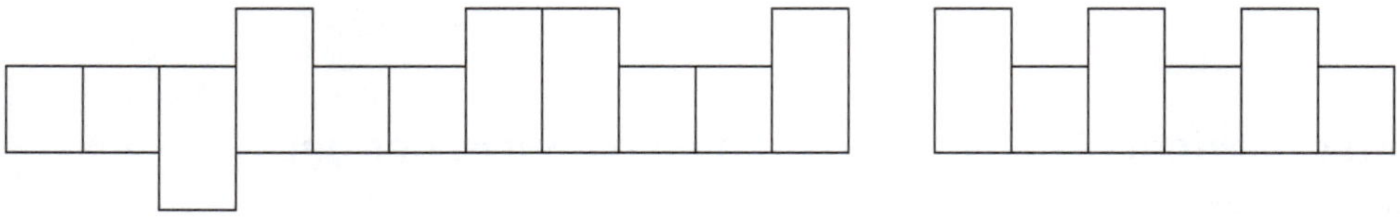

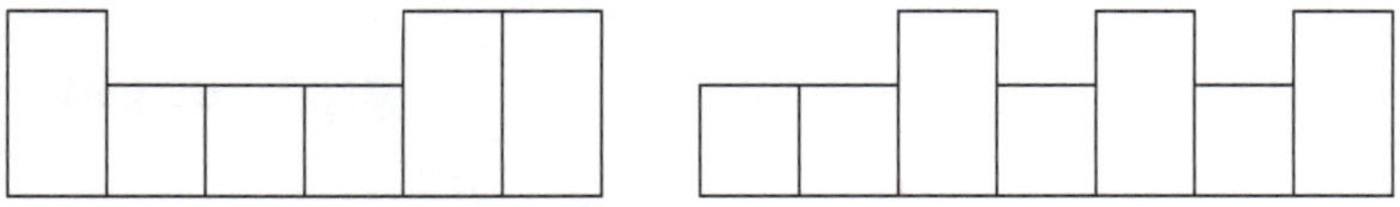

8. Ordne die **Übungswörter** nach dem Abc. Vergleiche mit dem Wörterverzeichnis.

9. Schreibe die **Übungswörter** in der Mehrzahl mit Artikel (Begleiter) auf.

die Gemeinde – ______________ der Fluss – ______________

das Gesetz – ______________ das Verbot – ______________

10. Schreibe die verwandten **Übungswörter** auf.

flüssig – der ______________ gesetzlich – das ______________

natürlich – die ______________ verbieten – das ______________

11. Schreibe die Verben (Tunwörter) in der Personalform auf: *sitzen – er sitzt.*
Unterstreiche **-tzt**.

blitzen – es ______________ kratzen – er ______________

schützen – er ______________ schwitzen – er ______________

verschmutzen – er ______________ besetzen – er ______________

12. Schreibe die Sätze auf.

Am Umwelttag der Schule spricht die Klasse 4 a über die Verschmutzung der Umwelt. Die Kinder lesen Zeitungsmeldungen über verschmutzte Flüsse. Sie lernen, wie man Müll vermeidet und welche Gesetze zu beachten sind.

13. Schreibe einen Text zum Umweltschutz. Verwende viele **Übungswörter**.

Wortfamilien am Wortstamm erkennen

1. Schreibe die Wörter mit dem gleichen Wortstamm untereinander auf. Unterstreiche den Wortstamm.

wohnen   schrecklich   Fühler   Wohnung   erschrecken
fühlen   wohnlich   Schrecken   Gefühl

-wohn-	-fühl-	-schreck-

Wörter mit dem gleichen Wortstamm gehören zu einer Wortfamilie. Sie sind miteinander verwandt. Der Wortstamm hilft dir, alle Wörter einer Wortfamilie richtig zu schreiben.

2. Markiere in der Wörterschlange alle Wörter der Wortfamilie **rühren**. Schreibe sie auf und unterstreiche den Wortstamm.

3. Unterstreiche in diesen Wörtern den Wortstamm. Schreibe dann zu jedem Wort zwei weitere Wörter der gleichen Wortfamilie auf. Benutze dein Wörterbuch.

Ruhe   öffnen   lehren   ärgern   fehlen

4. Bilde Wörter mit dem Wortstamm **-spazier-**.

Spazier- -gang -stock -gänger

einen langen ______________________ machen

einen schönen ______________________ schnitzen

einen fröhlichen ______________________ treffen

5. Suche die Wörter mit dem gleichen Wortstamm.
Male Sie in der gleichen Farbe an.
Schreibe sie nach Wortfamilien geordnet auf.
Unterstreiche den Wortstamm.

offen	nützlich	bedrückt	hohl
drücken	Hohlraum	Öffnung	nützen
benutzen	öffentlich	aushöhlen	Druckerei
Höhle	Druck	Nutzen	offensichtlich

6. Schreibe zu diesen Wortstämmen Nomen (Namenwörter), Verben (Tunwörter) und Adjektive (Wiewörter) der Wortfamilie auf.
Benutze dazu dein Wörterbuch.

-hoff-	-deut-	-spitz-	-fahr-

7. Setze die Verben (Tunwörter) in der 1. Vergangenheit ein.
Unterstreiche den Wortstamm.

glauben packen jagen setzen

Mutter ______________________, was ihre Tochter sagte.

Gestern ______________________ Vater die Koffer für die Reise.

Der Hund ______________________ den Hasen.

Faruk ______________________ sich an seinen Schreibtisch.

Wörter trennen

1. Male unter den ersten lang gesprochenen Selbstlaut oder Umlaut einen Strich. Markiere den Mitlaut zwischen den beiden Selbstlauten oder zwischen dem Umlaut und dem Selbstlaut.

quälen raten Vase strömen Natur Träne Käfig

2. Zeichne bei Aufgabe 1 unter jede Silbe einen Silbenbogen: Blume

3. Male unter den ersten kurz gesprochenen Selbstlaut oder Umlaut einen Punkt. Markiere die zwei Mitlaute zwischen den beiden Selbstlauten oder zwischen dem Umlaut und dem Selbstlaut.

anders hängen Spitze fertig Hunger kräftig nützen schwitzen

4. Zeichne bei Aufgabe 3 unter jede Silbe einen Silbenbogen.

8

Steht ein Mitlaut zwischen zwei Selbstlauten, kommt er beim Trennen zur zweiten Silbe: mi - xen.
Stehen zwei Mitlaute zwischen zwei Selbstlauten, wird der zweite Mitlaut abgetrennt: Schär - fe.
Dies gilt auch für Mitlaute nach Umlauten und Doppellauten (Zwielauten).

5. Unterstreiche die drei Mitlaute im Wortinneren. Zeichne die Silbenbögen.

Ärztin durstig empfinden impfen Sammlung schimpfen zukünftig

6. Ergänze **der erste** oder **der letzte**:

9

Stehen mehrere Mitlaute zwischen zwei Selbstlauten oder zwischen einem Umlaut und einem Selbstlaut wird ______________ abgetrennt: Karp - fen.

7. Sprich die Wörter in Silben und zeichne Silbenbögen darunter.

Brücke drücken Bäcker wecken packen Bäuche lachen brechen

krachen Bücher Flasche Tasche Fische Frische Tische

8. Ergänze den Satz:

Die Laute **ck**, **ch** und **sch** werden ______________ getrennt.

10

9. Schreibe die Wörter getrennt auf: *Zu - cker*. Unterstreiche **ck**, **ch** und **sch**.

schmecken blicken fischen machen waschen dreckig

backen Decke Kuchen Büsche brauchen Tücher

-ck- ______________________________

-ch- ______________________________

-sch- ______________________________

10. Schreibe diese Wörter getrennt auf.

zeichnen richtig Technik wachsen wechseln

wichtig rechnen Fichte Füchse

11. Setze die Wörter in der 1. Vergangenheit getrennt ein: *schmeck - te.*

Vater __________ - __________ (wecken) Andy um 6.00 Uhr auf.

Luis __________ - __________ (packen) seine Schulsachen ein.

Lena __________ - __________ (blicken) aufmerksam zu ihrer Lehrerin.

Nina __________ - __________ (drücken) ihre Freundin herzlich.

Wörter mit doppeltem Mitlaut trennen

1. Zeichne unter die Wörter Silbenbögen.

Brille besser Löffel brennen Tanne passen Donner Schlüssel

schütteln lassen Messer klettern offen rennen Schatten Teller

2. Ergänze den Satz:

Wörter mit einem doppelten Mitlaut trenne ich zwischen den

________________ Mitlauten. So höre ich beide Mitlaute.

11

3. Ordne die Wörter von Aufgabe 1 nach dem Abc. Schreibe sie getrennt auf.

4. Schreibe die Adjektive (Wiewörter) in der Höherstufe getrennt auf. Notiere sie dann in der Grundstufe. Umkreise die doppelten Mitlaute.

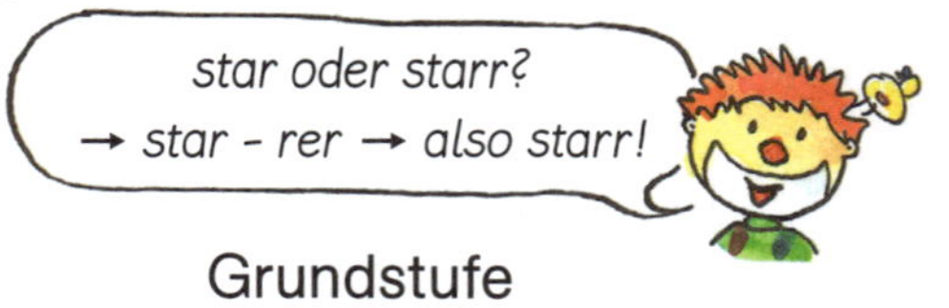

Grundstufe		Höherstufe		Grundstufe
du m / mm ?	→	________ - ________	→	________
dü n / nn ?	→	________ - ________	→	________
fe t / tt ?	→	________ - ________	→	________
gla t / tt ?	→	________ - ________	→	________
na s / ss ?	→	________ - ________	→	________
vo l / ll ?	→	________ - ________	→	________

5. Schreibe Sätze zu den Adjektiven (Wiewörtern) von Aufgabe 4 in der Höchststufe. Umkreise die doppelten Mitlaute.

6. Schreibe die Mehrzahl in Silben getrennt auf.
Leite dann davon die Einzahl ab.
Unterstreiche die doppelten Mitlaute.

 die ____________ - ____________ → das ________________

 die ____________ - ____________ → der ________________

 die ____________ - ____________ → die ________________

 die ____________ - ____________ → der ________________

 die ____________ - ____________ → der ________________

7. Ergänze die Verben (Tunwörter).
Schreibe sie dann getrennt in der ersten Vergangenheit auf.
Unterstreiche die doppelten Mitlaute.

wi ____ - en: Tarik ________________ - _______ alles.

bre ____ - en: Das Feuer ________________ - _______ hell.

kä ____ - en: Maja ________________ - _______ ihre Haare.

re ____ - en: Anna ________________ - _______ wie der Blitz.

sti ____ - en: Der Musiker ________________ - _______ die Gitarre.

scha ____ - en: Die Mannschaft ________________ - _______ den Sieg.

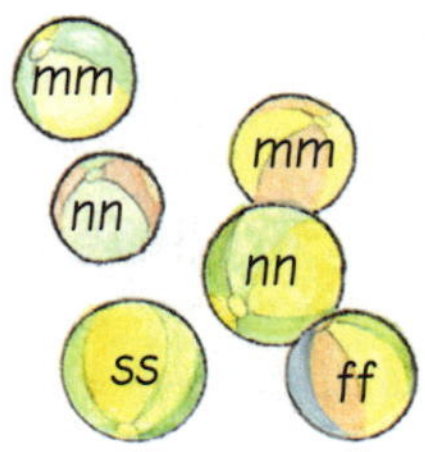

12

Wenn du nicht weißt, ob ein Wort mit doppeltem Mitlaut geschrieben wird, musst du ein zweisilbiges verwandtes Wort bilden und dieses in Silben trennen:
dün - ner → dünn, Bet - ten → Bett, käm - men → kämmt.

8. Setze **mm** oder **m** ein. Vergleiche mit deinem Partner.
Sprecht darüber und überprüft mit dem Wörterbuch.

 er ko________t

 war________

 der Schwa________

Wörter mit Dehnungs-h

1. Unterstreiche den betonten lang gesprochenen Selbstlaut.

fahren wohnen zahlen zählen nehmen kehren

2. Ordne die Wörter nach dem Buchstaben, der dem **h** folgt.
Unterstreiche in jedem Wort das **h** und den folgenden Mitlaut.

Fehler	Bühne	zahm	wohnen	fühlen	bohren	belohnen	nehmen
führen	kühlen	Rahmen	rühren	wählen	Ruhm	ohne	Lehrer

-hl-: ____________________

-hm-: ____________________

-hn-: ____________________

-hr-: ____________________

3. Ergänze den Satz:

13

In vielen Wörtern wird nach einem ____________ ____________

____________ Selbstlaut ein Dehnungs-h eingefügt.

Es steht oft vor ___, ___, ___ oder ___.

4. Bilde die Reimwörter. Unterstreiche die Merkstellen.

führen	Sohn	Kohl	Zahn	kühlen
r______	L______	h______	B______	f______
zählen	stehlen	wehren	Zahl	lahm
w______	f______	k______	W______	z______

5. Ergänze das verwandte Wort. Markiere den Wortstamm mit der Merkstelle.

die Umkehr – u____________

der Lehrer – die L__________in

die Wohnung – w____________

der Bohrer – b____________

die Führung – f____________

der Lohn – be____________

die Höhle – h____________

die Gefahr – g____________

die Kühlung – k____________

die Ahnung – a____________

> Bei verwandten Wörtern bleibt das Dehnungs-h im Wortstamm erhalten: Führung, führt, ausführlich.

14

6. Bilde Wörter mit **-lich**. Markiere den Wortstamm mit der Merkstelle.

froh – ____________

Ehre – ____________

Jahr – jä____________

Gewohnheit – g____________

7. Setze die Verben (Tunwörter) in der richtigen Gegenwartsform ein.

Der Zahnarzt ____________ bei Anna sehr vorsichtig (bohren). Trotzdem ____________ sie sich nicht ganz wohl (fühlen). Zu Hause ____________ sie sich die schmerzende Seite (kühlen). Weil Anna so tapfer war, wird sie von ihrer Mutter mit einem Eis ____________ (belohnen).

3

8. Schreibe die Geschichte in der 1. Vergangenheit auf.

9. Erkläre deinem Partner die Bedeutung der Wörter.
Verwende jedes Wort in einem Satz.

die Wahl – der Wal

wahr – es war

spät – er späht

Wörter mit Dehnungs-h trennen

1. Unterstreiche das **h**.
Zeichne Silbenbögen unter die Wörter.

Fehler Bühne wohnen fühlen bohren nehmen Höhle

führen kühlen Rahmen rühren wählen ohne Lehrer

2. Ergänze:

15

Bei Wörtern mit Dehnungs-h kommen beim Trennen

____, ____, ____ oder ____ zur ______________ Silbe.

Das Dehnungs-**h** bleibt bei der ______________ Silbe.

3. Schreibe die Wörter von Aufgabe 1 getrennt auf.
Unterstreiche das **h** und **l**, **m**, **n**, **r**.

____

____

____

4. Schreibe auch diese Wörter getrennt auf.
Unterstreiche das **h** und **l**, **m**, **n**, **r**.

fehlerfrei belohnen Lehrerin ernähren während

Nahrung umkehren Führung erzählen

5. Schreibe je vier Sätze mit Verben (Tunwörtern) aus den Aufgaben 1 und 4 auf.
Verwende sie dabei in der ersten Vergangenheit.
Unterstreiche das **h**.

Wörter mit silbentrennendem h trennen

1. Sprich die Wörter so in Silben, dass du das **h** und die Endung **-en** hörst.
Zeichne Silbenbögen unter die Wörter.

blühen glühen drehen drohen sprühen nähen

Mühe Ruhe Höhe Rehe Nähe Kühe Schuhe

2. Unterstreiche das **h**.

3. Ergänze:

Beim Trennen kommt das silbentrennende **h** zur ____________ Silbe.
Ich höre das silbentrennende **h**, wenn ich das Wort trenne.
Es bleibt in der Wortfamilie erhalten.

16

4. Schreibe die Wörter von Aufgabe 1 getrennt auf.

5. Sprich die Verben (Tunwörter) so, dass du das **h** hörst.
Ergänze die getrennten Grundformen. Setze nun die Personalformen ein.

mü - ___en: Sie ____________ sich mit den Hausaufgaben.

blü - ___en: Endlich ____________ der Baum.

ru - ___en: Sie ____________ sich aus.

lei - ___en: Er ____________ sich ein Buch aus.

glü - ___en: Die Asche ____________ im Grill.

6. Schreibe verwandte Wörter mit **h** auf. Unterstreiche das **h**.

die Nähe – n________ die Flöhe – der F________ nähen – die N________

Eine besondere Wahl

Der letzte Streit zwischen zwei Schülern ärgerte die gesamte Klasse sehr. Der Klassensprecher forderte deshalb alle auf, zwei Streitschlichter zu bestimmen. Darauf begann eine interessante Diskussion darüber, welche Erwartungen an die zukünftigen Streitschlichter zu stellen seien. „Wir müssen jemanden finden, der das richtige Gefühl für diese Aufgabe hat!“, sagte Jan. „Die bravsten Schüler schaffen dies nicht.“ Einige Kinder waren bereit, dieses Amt zu übernehmen. Schließlich wurden in geheimer Wahl Anna und Faruk als Streitschlichter gefunden. „Die beiden können sich gut in andere einfühlen und ruhig zuhören“, lobte die Lehrerin die Wahl.

Übungswörter

Streit	letzte
ärgern	bestimmen
interessant	Erwartung
jemanden	Gefühl
brav	schaffen
bereit	geheim
fühlen	ruhig
zukünftig	
beginnen/begann	

1. Lies die Geschichte.
Sprich mit deinem Partner darüber,
welche Eigenschaften Streitschlichter haben müssen.

2

2. Schreibe die **Übungswörter** mit doppeltem Mitlaut auf.
Erkläre deinem Partner ihre Schreibung.
Male unter den kurz gesprochenen Selbstlaut einen Punkt.

2

3. Schreibe die **Übungswörter** auf, die ein **h** enthalten. Unterstreiche das **h**.

13
16

4. Welche Wörter haben ein Dehnungs-**h**, welche ein silbentrennendes **h**?
Umkreise mit unterschiedlicher Farbe.
Erkläre deinem Partner die Unterschiede.

5. Welche **Übungswörter** passen? Trage sie in Druckschrift ein.

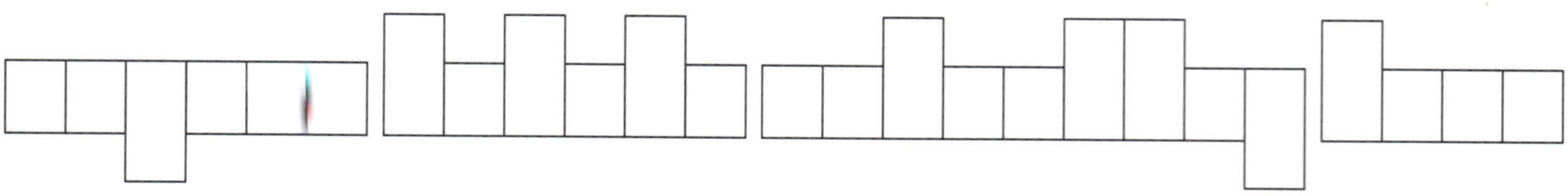

6. Suche die **Übungswörter** in der Wörterschlange. Umkreise sie.
Schreibe sie dann auf.

7. Schreibe die **Übungswörter** mit zwei und drei Silben getrennt auf.

8. Schreibe die **Übungswörter** darunter, die sich reimen.
Unterstreiche, was gleich bleibt.

kühlen ____ breit ____ setzte ____ gaffen ____ gewinnen ____

7 **9.** Ergänze die verwandten **Übungswörter**.
Unterstreiche bei allen Wörtern den Wortstamm.

der Ärger – ____ das Gefühl – ____

die Ruhe – ____ der Beginn – ____

das Geheimnis – ____ die Zukunft – ____

10. Schreibe die Verben (Tunwörter) in der 1. und 2. Vergangenheit auf.
Unterstreiche den Wortstamm.
Besprich mit deinem Partner, was gleich bleibt.

beginnen – es ____ – es hat ____

gewinnen – sie ____ – sie hat ____

schwimmen – wir ____ – wir sind ____

3 **11.** Unterstreiche alle **Übungswörter** im Text. Schreibe die Sätze auf.

Der letzte Streit in der Klasse 4 b ärgerte alle Schüler. Sie wollen zwei Streitschlichter. Jan meint, dies sei eine interessante Aufgabe mit großen Erwartungen an die zukünftigen Streitschlichter. „Es muss jemand sein, der sich in andere Schüler einfühlen und ruhig zuhören kann.“ Nach geheimer Wahl freuen sich alle Schüler, dass Anne und Faruk die Aufgabe übernehmen.

Wörter mit ie

1. Achte auf den lang gesprochenen **i**-Laut. Unterstreiche **ie**.

Wiese Zwiebel vier Knie dienen siegen Dieb Ziege

2. Ergänze den Satz:

17

Einen lang gesprochenen **i**-Laut schreiben wir meist mit ________ .
Bei verwandten Wörtern bleibt **ie** im Wortstamm erhalten.

3. Finde Reimwörter. Unterstreiche **ie**.

die Niete	das Spiel	der Riegel	die Ziege
die ____________	das ____________	der ____________	die ____________
die Diebe	die Schiene	der Sieg	das Ziel
die ____________	die ____________	der ____________	der ____________

4. Schreibe fünf Nomen (Namenwörter) und fünf Verben (Tunwörter) mit **ie** auf.
Unterstreiche **ie**.

Frie Bei Kie Spie Tie

zie rie spie bie flie

gel fer spiel den fe

ßen ten chen len geln

5. Sprich die Verben (Tunwörter) in Silben.
Zeichne Silbenbögen darunter.
Unterstreiche **ie**.

biegen wiegen frieren kriechen schieben gießen

schließen riechen verbieten verlieren fliegen bieten

6. Schreibe die Nomen (Namenwörter) in der Mehrzahl mit Artikel (Begleiter) auf. Unterstreiche den Wortstamm. Umkreise **ie**.

der Krieg – die ______________ das Ziel – die ______________

der Brief – die ______________ der Stiel – die ______________

die Miete – die ______________ die Wiese – die ______________

das Lied – die ______________ das Papier – die ______________

7 **7.** Unterstreiche den Wortstamm. Schreibe dann die verwandten Nomen (Namenwörter) mit Begleiter (Artikel) auf.

zielen – ______________ mieten – ______________

spiegeln – ______________ wiegen – ______________

dienen – ______________ spielen – ______________

8. Schreibe das verwandte Adjektiv (Wiewort) auf. Unterstreiche **ie**.

die Liebe – ______________ die Schwierigkeit – ______________

der Riese – ______________ die Neugierde – ______________

die Tiefe – ______________ der Frieden – ______________

9. Setze die Verben (Tunwörter) in der Gegenwartsform ein.

Der Baum ____________ sich im Wind (biegen). Der Metzger ____________ die Wurst (wiegen). Die Biene ____________ von Blüte zu Blüte (fliegen). Lea ____________ an den Blumen (riechen). Ulis Gesicht ____________ sich im Wasser (spiegeln). Jan ____________ auf das Tor (zielen).

3 **10.** Schreibe die Sätze auf. Unterstreiche alle **ie**.

Unregelmäßige Verben (Tunwörter) mit ie

1. Schreibe die Verben (Tunwörter) in der 1. Vergangenheit auf. Unterstreiche **ie**. Vergleiche mit dem Wörterbuch.

rufen	– du	______	schreien	– er	______
schlafen	– ich	______	laufen	– ich	______
fallen	– er	______	steigen	– wir	______
bleiben	– wir	______	schreiben	– er	______
halten	– er	______	treiben	– es	______
schweigen	– wir	______	scheinen	– sie	______

2. Schreibe die Verben (Tunwörter) in der Gegenwart und in der 1. Vergangenheit auf. Unterstreiche **ieß** und **oss**. Vergleiche mit dem Wörterverzeichnis.

Grundform	Gegenwart	1. Vergangenheit
fließen:	Der Bach ______ langsam.	Der Bach ______ langsam.
gießen:	Sara ______ die Blumen.	Sara ______ die Blumen.
schließen:	Leon ______ die Augen.	Leon ______ die Augen.

3. Schreibe die Verben (Tunwörter) in der Gegenwart und in der 1. Vergangenheit auf. Das Wörterbuch hilft dir.

Grundform	Gegenwart	1. Vergangenheit
ziehen	er ______	er ______
sehen	er ______	er ______
geschehen	es ______	es ______

Wörter mit -ieren und lang gesprochenem i

1. Schreibe die verwandten Verben (Tunwörter) mit **-ieren** auf. Unterstreiche **-ieren**.

Telefon – ____________________ Nummer – ____________________

Fotograf – ____________________ Skizze – ____________________

Information – ____________________ Spaziergang – ____________________

2. Bilde mit jedem Verb (Tunwort) aus Aufgabe 1 einen Satz. Unterstreiche **-ieren**.

3. Unterstreiche **ie** und **i**. Erkläre deinem Partner die Bedeutung der Wörter.

das Lied – das Lid wieder – wider der Stiel – der Stil

Bei einigen Wörtern wird der lang gesprochene **i**-Laut nur mit **i** geschrieben. Du musst sie dir gut merken: zum Beispiel L**i**d, St**i**l, **I**gel, B**i**bel, K**i**no, Benz**i**n; Ru**ine**, Kab**ine**, Kus**ine**.

18

4. Setze die Silben richtig zusammen. Unterstreiche das **i**.

Bi Fi Kroko Ti Bi bel dil ber bel ger

____

5. Bei Wörtern mit der Endung **-ine** hört man das lang gesprochene **i** besonders deutlich. Schreibe sie mit Begleiter auf.

Law, Apfels, Masch → ine
____
____
____

Vitam, Pral, Ros → ine
____
____
____

6. Schreibe Sätze mit den Wörtern aus den Aufgaben 4 und 5.

Straßenfest

Übungswörter

treffen	fertig
Führung	fleißig
Lied	glücklich
bevor	Geruch
schließlich	vielleicht
hoffen	fröhlich
bisschen	

Hanna, Mia und Alina trafen sich auf dem Straßenfest. Alle Nachbarn hatten unter der Führung von Alinas Eltern bei den Vorbereitungen fleißig mitgeholfen. Sie waren glücklich darüber, dass alle Arbeiten rechtzeitig fertig geworden waren.
Bald stieg den Mädchen der Geruch von Bratwürsten in die Nase. „Vielleicht dürfen wir schon probieren?“, hoffte Alina. Bevor die Kinder schließlich nach Hause mussten, schauten sie sich noch ein bisschen um und sangen fröhlich Lieder.

1. Lies die Geschichte. Sprich mit deinem Partner darüber, ob es bei euch auch lustige Straßenfeste gibt.

2 4 **2.** Schreibe die **Übungswörter** mit doppeltem Mitlaut oder **ck** auf. Markiere den kurz gesprochenen Selbstlaut davor.

____

17 2 **3.** Schreibe die **Übungswörter** mit **ie** auf. Unterstreiche **ie**.

____

4. Setze die richtigen **Übungswörter** ein. Schreibe das Wort darunter.

_ ■ _ ■ _ _   _ ■ _ _ ■ _   _ ■ _ _ ■ _

__________   __________   __________

_ _ _ _ ■ ■ _ _ ■ _ _   _ ■ _ ■ _

__________________   __________

Geheimschrift:
__ = Mitlaut
■ = Selbstlaut

5. Schreibe von den **Übungswörtern** die Nomen (Namenwörter) in Einzahl und Mehrzahl mit Artikel (Begleiter) auf. Unterstreiche den ersten Buchstaben.

6. Ordne die **Übungswörter** nach dem Abc. Überprüfe mit dem Wörterverzeichnis.

7. Ergänze die verwandten Adjektive (Wiewörter).

das Glück – ______________________

die Jugend – ______________________

der Frieden – ______________________ die Angst – ______________________

der Sand – ______________________ der Schreck – ______________________

die Ehre – ______________________ der Wind – ______________________

der Fleiß – ______________________ der Freund – ______________________

8. Unterstreiche in Aufgabe 7 die Nachsilben **-lich** und **-ig**.

Mit den Nachsilben **-lich** und **-ig** werden aus Nomen (Namenwörtern) Adjektive (Wiewörter).

19

9. Suche aus dem Wörterverzeichnis Adjektive (Wiewörter) mit **-ig**.
Bilde die verwandten Nomen (Namenwörter) dazu. Schreibe sie auf.

10. Schreibe die zweisilbigen **Übungswörter** in Silben getrennt auf. Schreibe zu jedem **Übungswort** die Nummer des Merksatzes, der dir geholfen hat, richtig zu trennen: *bren - nen M 11*

11. Schreibe die Verben (Tunwörter) in der 1. und 2. Vergangenheit auf.

treffen, steigen, hoffen, fließen, messen, gießen

fressen, fließen, schließen, vergessen, wissen, rennen

12. Bilde mit fünf **Übungswörtern** eigene Sätze.
Diktiere sie deinem Partner. Vergleicht dann.

13. Schreibe über ein Fest, das du erlebt hast.

Wörter mit ä und äu

1. Verbinde die verwandten Wörter mit einem Strich.
Unterstreiche **a** und **ä**, **au** und **äu**.

Hang kalt fahren Angst Platz braun rauben Schlauch Frau

Kälte hängen fährt Plätze ängstlich Räuber Schläuche bräunlich Fräulein

2. Ergänze den Satz:

> Ich schreibe Wörter meist mit **Ä/ä** oder **Äu/äu**, wenn es ein
>
> ______________ Wort mit ________ oder ________ gibt.

20

3. Suche das verwandte Nomen (Namenwort). Ergänze die fehlenden Buchstaben. Unterstreiche **a/ä** und **au/äu**.

der ______________ – die ______rzte | der ______________ – die Dr______hte

der ______________ – die K______mme | das ______________ – die L______nder

die ______________ – die N______hte | der ______________ – die P______sse

der ______________ – die Tr______me | der ______________ – die R______me

der ______________ – die Str______ße | das ______________ – die Kr______ter

die ______________ – die F______ste | die ______________ – die L______se

4. Suche zu jedem Adjektiv (Wiewort) die Höherstufe oder das verwandte Nomen (Namenwort). Unterstreiche **a/ä** und **au/äu**.

stark – ______________ | hart – ______________ | lang – ______________

scharf – die ______________ | nah – die ______________ | nass – die ______________

kalt – die ______________ | braun – die ______________ | schlau – die ______________

5. Schreibe zu jedem Verb (Tunwort) das verwandte Nomen (Namenwort) und zu jedem Nomen (Namenwort) das verwandte Verb (Tunwort). Unterstreiche **a/ä** und **au/äu**.

backen	– der ____________	der Hang	– ____________
packen	– das *P* ____________ *chen*	die Qual	– ____________
bauen	– das *Ge* ____________	die Nahrung	– *er* ____________
rauben	– der ____________	der Kamm	– ____________
wachsen	– das *Ge* ____________	die Wahl	– ____________
raten	– das ____________	die Naht	– ____________

6. Bilde die Grundform des Verbs (Tunworts) und ergänze. Unterstreiche **a** und **ä**.

____________: Das Gras w____chst schnell.

____________: Lisa L____sst Faruk mitspielen.

____________: Mutter b____ckt einen guten Kuchen.

____________: Anna err____t das Rätsel.

____________: Niclas w____scht sich die Hände.

20 **7.** **eu** oder **äu**? Ergänze die fehlenden Doppellaute.

das F____er die R____me h____fig f____cht L____chten tr____men

8. Manche Wörter mit **ä** lassen sich nicht ableiten. Schreibe die Wörter auf.

rgernä hrendwä figKä rmLä neTrä hrungefä

____

9. Bilde Sätze mit den Wörtern von Aufgabe 8. Unterstreiche **ä**.

Fehler entdecken, erklären und verbessern

1. Vergleiche Wort für Wort.
Streiche fehlerhaft geschriebene Wörter durch.

Umzug
Tim ist mit seinen Eltern letzte Woche umgezogen. Die neue Wohnung ist größer und liegt auch in einer ruhigen Gegend. Tim hat nun ein großes helles Zimmer mit ganz tollen Möbeln. Besonders gerne sitzt er an seinem Schreibtisch in dem bequemen Stuhl, den ihm seine Oma geschenkt hat. Aber noch fehlen passende Vorhänge und einige Bilder an der Wand.

Umzug
Tim ist mit seinen Elten lezte Woche umgezogen. Die neue Wonung ist gröser und ligt auch in einer ruhigen Gegnd. Tim hat nun ein großes helles Zimer mit ganz tollen Möbln. Besonders gerne sizt er an seinem Schreibtisch in dem bekwemen Stul, den ihm seine Oma geschenkt hat. Aber noch felen passende Vorhenge und einige Bilder an der Want.

2. Schreibe die fehlerhaft geschriebenen Wörter hier richtig auf.
Markiere die verbesserte Stelle.

Überlege, warum die Fehler passiert sind:
Habe ich
1. nicht deutlich gesprochen?
2. mir eine Besonderheit nicht eingeprägt?
3. nicht an eine gelernte Hilfe gedacht?

4

3. Schreibe die entsprechenden Nummern über die berichtigten Wörter in Aufgabe 2.

4. Kennzeichne in den Wörtern die Fehlerstelle. Benutze im Zweifel dein Wörterbuch. Ordne jedes Wort dann richtig zu.

der Strant die Gebut kreftig erwaten verwant rechs

schüteln die Zukunf der Walt fliesen der Drat wexeln

❶ Diese Wörter spreche ich ganz deutlich	❷ Bei diesen Wörtern merke ich mir eine Besonderheit	❸ Bei diesen Wörtern denke ich an eine gelernte Hilfe
Ferien	Fehler	Län - der Land

Du kannst die Wiederholung von Fehlern vermeiden, wenn du deine Fehlerwörter zu Übungswörtern machst.

5. Lege dir eine persönliche Trainingsliste mit deinen Fehlerwörtern an. Sie kann so aussehen:

Meine Übungswörter	Ich schreibe die Mehrzahl, 2. Person oder Steigerungsstufe	Ich schreibe in Silben getrennt	Ich schreibe ein verwandtes Wort
die Heizung erzählen groß …	die Heizungen du erzählst größer	Hei - zung er - zäh - len grö - ßer	heizen die Erzählung vergrößern

6. Übe nach diesem Muster die folgenden Wörter.

wecken Stimme Lohn dünn fließen fleißig führen

Das Wörterbuch als Hilfsmittel nutzen

1. Ergänze die Seitenangaben aus deinem Wörterbuch.

Suchgruppe I a b c d e f g h	Suchgruppe II i j k l m n o p qu	Suchgruppe III r s t u v w x y z
S. ____ bis S. ____	S. ____ bis S. ____	S. ____ bis S. ____

Du kannst ein Wort in deinem Wörterbuch rascher finden, wenn du die Buchstaben des Abc in Suchgruppen einteilst.
So findest du schnell das Wort **Wecker**:
Zuerst in die **Suchgruppe 3** greifen. → Dort den Buchstaben **W** aufschlagen. → Hier findest du das Wort **Wecker**.

2. Nenne deinem Partner ein Wort.
Er nennt dir die Suchgruppe und die Seite des Wörterbuches, auf der er das Wort findet. Gib ihm an, wie viele Sekunden er gebraucht hat.
Wechselt euch nach fünf Wörtern ab. Wer ist am schnellsten?

Am oberen Rand jeder Wörterbuchseite stehen zwei Leitbuchstaben. Sie nennen die Anfangsbuchstaben des ersten und des letzten Wortes jeder Seite. Wenn dein gesuchtes Wort dem Abc nach zwischen ihnen einzuordnen ist, findest du es auf dieser Seite.

3. Hier sind die Leitbuchstaben von drei Seiten eines Wörterbuches angegeben.
Gib an, bei welchen Leitbuchstaben du die folgenden Wörter findest.

1	2	3
be … bl	bl … br	ber … bew

Birke ◯ Blitz ◯ Beruf ◯ Brauch ◯ Besen ◯ Brett ◯

Boden ◯ Beute ◯ biegen ◯ blicken ◯ Brille ◯ Bett ◯

Wenn du dir über den Anfangsbuchstaben eines Wortes nicht sicher bist, so suchst du unter beiden Buchstaben: Krist oder Christ?
Du musst unter **K** und **C** suchen.

5

4. Unter welchen Buchstaben findest du die folgenden Wörter?
Schlage nach und ergänze.

Gesuchtes Wort	unter	auf	Gesuchtes Wort	unter	auf
der ___lown	_____	S. ___	die ___ase	_____	S. ___
das ___ideo	_____	S. ___	der ___ulkan	_____	S. ___
der ___ent	_____	S. ___	der ___ ___or	_____	S. ___

Verben (Tunwörter) in der Personalform findest du im Wörterbuch nur unter ihrer Grundform.

5

5. Schlage zu den folgenden Personalformen die Grundform im Wörterbuch nach.
Schreibe dann eine weitere Form des gleichen Verbs (Tunworts) auf.

	Grundform	Dort steht auch
er sprach	____________ S. ___	____________
es geschah	____________ S. ___	____________
du gewannst	____________ S. ___	____________

6. Schlage die Verben (Tunwörter) mit Vorsilbe im Wörterbuch nach.
Unterstreiche alle, die du nur ohne Vorsilbe in ihrer Grundform findest.

anziehen übergeben erfinden besprechen wegwerfen verbrennen

zerbrechen berichten verbrauchen bedrohen ausdrucken

Besuch in der Steinzeit

Übungswörter

kriechen	Stamm
frieren	ungefähr
Höhle	Block
messen	anfertigen
Nachmittag	Höhe
Bohrer	ziehen
wiegen	skizzieren

Eigentlich hatte Hannes keine Lust, den Nachmittag mit seinen Eltern im Museum zu verbringen. Aber dann fand er es doch interessant zu sehen, wie die Menschen vor ungefähr 10 000 Jahren lebten. Genau betrachtete er die aus Steinen und Knochen angefertigten Werkzeuge. Schließlich skizzierte er auf seinem Block einen Bohrer, der ihn besonders beeindruckte. Abbildungen zeigten ihm, wie die Steinzeitmenschen in Höhlen krochen, um nicht zu frieren. Auf der Suche nach Nahrung zogen sie weit umher. Dabei kam es auch zu Auseinandersetzungen mit fremden Stämmen. Vor einem Mammut überlegte er, welche Höhe das Tier wohl maß und wie viele Tonnen es wog.

1. Lies die Geschichte. Sprich mit deinem Partner darüber, was dich am Leben der Steinzeitmenschen interessiert.

2. Lies die **Übungswörter**. Unterstreiche sie im Text. Schreibe die **Übungswörter**, die im Text in anderer Form vorkommen, so auf: *laufen – lief*

3. Welche **Übungswörter** erscheinen dir leicht, welche schwierig? Schreibe sie nach dem Abc geordnet so auf:

Für mich leichte Wörter	Für mich schwierige Wörter

Vergleiche mit deinem Partner.

2

4. Erkennst du die vier **Übungswörter**? Trage sie in Druckschrift ein.

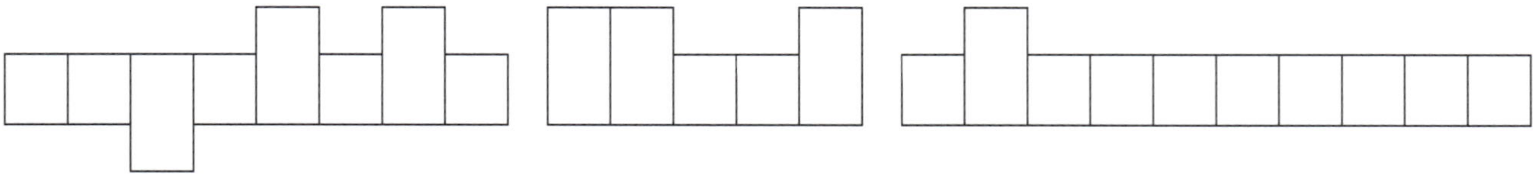

5. Sechs **Übungswörter** sind Nomen (Namenwörter). Schreibe sie mit Artikel (Begleiter) in Einzahl und Mehrzahl auf. Überprüfe mit dem Wörterbuch.

15 16 **6.** Schreibe diese **Übungswörter** in Silben getrennt auf.
Unterstreiche das silbentrennende **h** und das Dehnungs-**h** unterschiedlich.

Höhe	Höhle	ziehen	Bohrer
______	______	______	______

7. Welche **Übungswörter** haben diese Bedeutung? Schreibe sie auf.

größere Volksgruppe z. B. Indianer	etwa	Tageszeit zwischen Mittag und Abend	zusammengeheftete Papierbögen
______	______	______	______

7 **8.** Immer drei Wörter gehören zur gleichen Wortfamilie.
Schreibe sie nebeneinander auf.

Höhle | ziehen | fertig | Skizzenblock | bohren | hohl | Erziehung | anfertigen
Bohrer | Skizze | aushöhlen | beziehen | Anfertigung | skizzieren | Bohrung

9. Schreibe die **Übungswörter** auf, die sich reimen. Bilde dazu die 1. Vergangenheit. Unterstreiche den veränderten Wortstamm.

riechen	– wir rochen	verlieren	– sie verloren
______	– wir ______	______	– sie ______
fressen	– er fraß	fliegen	– ich flog
______	– er ______	______	– ich ______

10. Setze Verben aus Aufgabe 9 in der 1. Vergangenheit ein.

Bei ihrem Besuch im Museum erfuhren die Kinder, dass die Menschen in der Steinzeit in warme Höhlen ______. Trotzdem ______ sie oft.

Vor einem Mammut durften sie schätzen, welche Höhe es ungefähr ______ .

11. Verwende alle Verben unter den **Übungswörtern** in Sätzen.

Wortbausteine kennen und nutzen – Vorsilben

Vorsilben sind Wortbausteine, die Wörtern eine neue Bedeutung geben.
Die Schreibweise des Wortes wird durch die Vorsilbe nicht verändert.

21

1. Verwende das Verb (Tunwort) **nehmen** in den folgenden Sätzen mit den Vorsilben **ab-**, **über-**, **be-**.

Rudi sollte als letzter Läufer der Staffel den Stab ______________________ .

Eltern freuen sich, wenn sich ihre Kinder anständig ______________________ .

Herr Mollig möchte dieses Jahr mehrere Kilogramm ______________________ .

2. Sprich mit deinem Partner über die unterschiedliche Bedeutung, die das Verb (Tunwort) **nehmen** durch die Vorsilben erhält.

3. Erkläre deinem Partner die Bedeutungsänderung durch die Vorsilbe **ent-**.

kommen – entkommen   laufen – entlaufen   laden – entladen

4. Prüfe, welche Verben (Tunwörter) mit der Vorsilbe **ent-** eine sinnvolle neue Bedeutung erhalten. Setze die Vorsilbe ein.
Schreibe mit den Verben (Tunwörtern) dann Sätze auf.

_______schließen   _______rühren   _______täuschen   _______reißen

_______wiegen   _______kühlen   _______wickeln   _______springen

5. Ergänze die Buchtitel mit den angegebenen Nomen (Namenwörtern).
Unterstreiche die Vorsilbe.

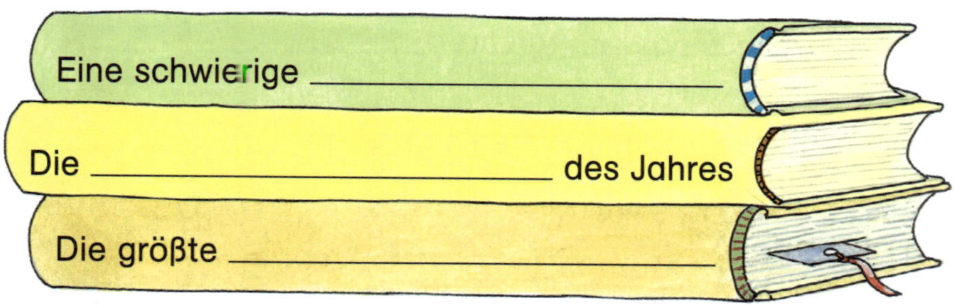

Enttäuschung

Entscheidung

Entdeckung

6. Bilde Verben (Tunwörter) mit der Vorsilbe **ent-**.
Bilde aus diesen dann Nomen (Namenwörter) mit der Endung **-ung**.

ent-		-ung
stehen	*entstehen*	*die Entstehung*
führen	__________	__________
fernen	__________	__________
wickeln	__________	__________
zünden	__________	__________
scheiden	__________	__________

7. Setze Nomen (Namenwörter) oder Verben (Tunwörter) aus Aufgabe 6 in den Sätzen ein.

Völlig überraschend erzielte der Mittelstürmer

aus großer ________________ das Siegtor.

Anna konnte sich lange nicht ________________ ,

welchen Beruf sie wählen sollte.

In der neuen Trainingsgruppe konnte Faruk

sein großes Talent bald gut ________________ .

Die Wunde führt zu einer sehr schlimmen ________________ .

Der Prinz verhinderte die ________________ der Prinzessin.

8. Übe mit den Sätzen aus Aufgabe 7 das richtige Aufschreiben.

9. Suche in deinem Wörterbuch mindestens fünf weitere Wörter mit der Vorsilbe **Ent-/ent-**. Bilde Sätze mit ihnen.

Wortbausteine kennen und nutzen – Nachsilben

1. Unterstreiche die Wörter mit den Wortbausteinen **-heit** und **-keit**. Schreibe sie dann mit ihrem Artikel (Begleiter) ab.

> Mit den Nachsilben **-heit** und **-keit** kann man Nomen (Namenwörter) bilden. Ich schreibe sie groß.
>
> 22

2. Bilde aus den Adjektiven (Wiewörtern) mit den Nachsilben **-heit** oder **-keit** Nomen (Namenwörter). Schreibe sie mit Artikel (Begleiter) geordnet auf.

ehrlich | flüssig | blind | krank | deutlich | schwierig | gesund | sicher

-heit	-keit

3. In Nomen (Namenwörtern) mit der Nachsilbe **-keit** findest du häufig auch die Wortbausteine **-ig** oder **-lich**. Schreibe die Nomen (Namenwörter) auf.

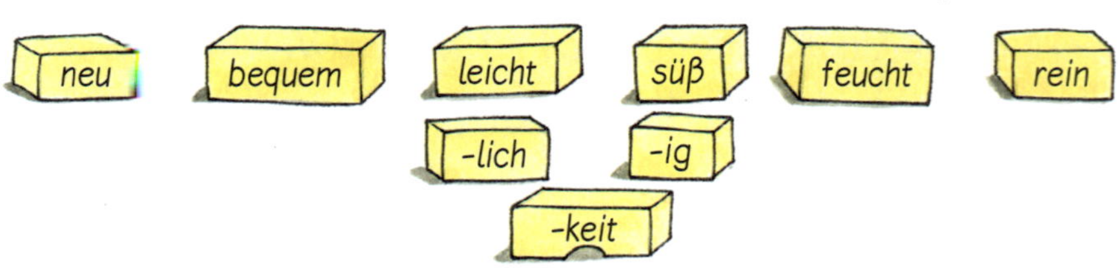

4. Bilde aus den Nomen (Namenwörtern) mit den Wortbausteinen **-los** und **-isch** Adjektive (Wiewörter). Schreibe sie darunter.

Glück	Medizin	Gefahr	Magnet
glücklos			
Neid	**Maß**	**Sturm**	**Wort**

23

Mit den Nachsilben **-los** und **-isch** kann man Adjektive (Wiewörter) bilden. Ich schreibe sie klein.

5. Bilde aus den Nomen (Namenwörtern) mit den Nachsilben **-los** oder **-isch** Adjektive (Wiewörter). Setze sie richtig ein.

Er zeigt überhaupt keine Gefühle. Er ist ein ____________________ Mensch.

In jedem Auto steckt viel Technik. Die Autos sind ____________________ hoch entwickelt.

Aylin liefert ihre Arbeit ohne Fehler ab. Ihre Arbeit ist ____________________ .

Pia liebt Eis aus Italien. Sie liebt ____________________ Eis.

3

6. Übe mit den Sätzen aus Aufgabe 5 das richtige Aufschreiben.

7. Bilde mit den Nachsilben **-heit**, **-keit**, **-los** und **-isch** Nomen (Namenwörter) oder Adjektive (Wiewörter). Überprüfe mit dem Wörterbuch.

fröhlich | wahr | Wähler | Träumer | ähnlich | krank | Freude | Gott

-heit	-keit	-los	-isch

Zusammengesetzte Wörter

1. Setze zwei Nomen (Namenwörter) zusammen.

 : ______________________  : ______________________

Aus Nomen (Namenwörtern) kann ich ein zusammengesetztes Nomen (Namenwort) bilden, um mich kürzer und genauer auszudrücken.
Ich schreibe es nur am Anfang groß.

24

2. Bilde zusammengesetzte Nomen (Namenwörter).
Unterstreiche den ersten Buchstaben des zweiten Wortes.

Garten, Schloss, Fußball → Tor

Tor → Schuss, Pfosten, Einfahrt

Sport, Englisch, Musik → Unterricht

Rad, Auto, Geister → Fahrer

3. Bilde zusammengesetzte Nomen (Namenwörter).
Unterstreiche die zwei oder drei gleichen Mitlaute, die zusammenkommen.

Stoff	Stuhl	Sport	Pass	+	Ring	Tasche	Nummer	Farbe
Ohr	Bilder	Schiff	Telefon		Straße	Rahmen	Fahrt	Lehne

4. Setze die Nomen (Namenwörter) zusammen. Unterstreiche das Fugen-**s**.

die Zeitung + das Papier : *das* ______________________

das Boot + die Fahrt : *die* ______________________

die Geburt + der Tag : *der* ______________________

die Rettung + der Schwimmer : *der* ______________________

der Verkehr + das Schild : *das* ______________________

5. Unterstreiche den Wortstamm der Verben (Tunwörter).
Bilde aus dem Verb (Tunwort) und dem Nomen (Namenwort) das zusammengesetzte Nomen (Namenwort).

nähen +    naschen +    kochen + 

die ______________   *die* ______________   *der* ______________

6. Unterstreiche den Wortstamm der Verben (Tunwörter). Bilde zusammengesetzte Nomen (Namenwörter). Schreibe sie mit Artikel (Begleiter) auf.

malen + der Kasten : ______________________ 

boxen + der Kampf : ______________________ 

gießen + die Kanne : ______________________ 

kühlen + der Schrank: ______________________ 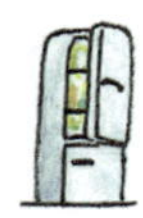

glühen + die Lampe : ______________________ 

treffen + der Punkt : ______________________ 

impfen + der Pass : ______________________ 

Aus einem Verb (Tunwort) oder aus einem Adjektiv (Wiewort) und einem Nomen (Namenwort) kann ich ein zusammengesetztes Nomen (Namenwort) bilden, um mich kürzer und genauer auszudrücken. Ich schreibe es groß.

7. Schreibe die zusammengesetzten Nomen (Namenwörter) mit Artikel (Begleiter) auf.

glatt + das Eis : *das* ______________________

spitz + der Name : ______________________

wild + das Schwein : ______________________

frei + das Bad : ______________________

Pläne für die Zukunft

Übungswörter

entwickeln	lang
Schwierigkeit	Flugzeug
interessieren	blind
steuern	Wahl
diskutieren	Traum
geschehen	Plan
informieren	schwierig
verschließen	

In der Klasse 4 c wird lebhaft über Berufe diskutiert. Jedes Kind entwickelt dabei eigene Vorstellungen. Julian will Flugzeuge steuern und Amara Tierärztin werden. Jakob interessiert sich schon lange für die Tätigkeit eines Verkäufers. Ihr Lehrer rät ihnen, sich vor der Wahl ihres Berufes genau zu informieren. Sie sollten auch schauen, was in der Arbeit wirklich geschieht. Vor Schwierigkeiten in ihrem Traumberuf dürften sie nicht blind die Augen verschließen. Als Tim seinen Traum äußert, Millionär zu werden, lachen alle. Das stellen sie sich doch etwas schwierig vor.

1. Lies die Geschichte.
Sprich mit deinem Partner über deinen Traumberuf.
Begründe ihm deinen Wunsch.

2. Lies die **Übungswörter**. Unterstreiche sie dann im Text.
Schreibe unterschiedliche Formen so auf: *lesen – liest*

3. Schreibe alle einsilbigen **Übungswörter** ab.

4. Trage die passenden **Übungswörter** in Druckschrift ein.

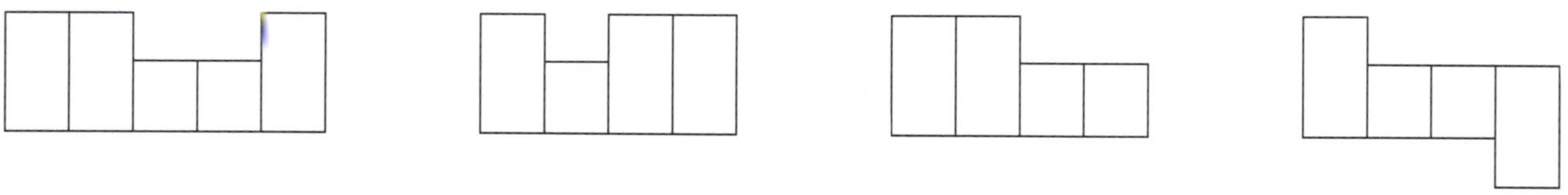

2

5. Zeige deinem Partner **Übungswörter**, die für dich Merkstellen enthalten.
Unterstreiche diese Merkstellen. Lass dir die Wörter dann diktieren.

6. Schreibe die Vergleichsformen der Adjektive (Wiewörter) so daneben:
– stärker – am stärksten

lang ______________________________

schwierig ______________________________

7. Aus diesen Silben kannst du sechs **Übungswörter** bilden. Schreibe sie auf.

schwie- | -ckeln | ver- | steu- | -zeug | -ßen

ge- | -wi- | -ern | ent- | -rig | -sche- | Flug- | -hen | -schlie-

Wörter mit zwei Silben	Wörter mit drei Silben

8. Bilde möglichst viele zusammengesetzte Nomen (Namenwörter). Verwende sie in Sätzen.

Traum | Beruf | Plan | Fach | Wahl

Zukunft | Bau | Auto | Spiel

9. Schreibe die **Übungswörter** auf, die mit diesen Nomen (Namenwörtern) verwandt sind.

Interesse	Diskussion	Information

10. Schlage die Verben **geschehen** und **schließen** im Wörterbuch nach. Schreibe alle Formen auf, in denen der Wortstamm dieser Verben verändert ist.

geschehen ______________________ schließen ______________________

11. Setze Formen der Verben (Tunwörter) aus Aufgabe 10 ein.

Junge Menschen wissen meist nicht, was in der Berufswelt ____________ .

Hassan hat sein Lesebuch ____________. Als Hans das Haus verließ, ____________ er die Tür ab. Niemand weiß, was wirklich ____________ .

12. Übe mit den Sätzen aus Aufgabe 11 das richtige Aufschreiben.

13. Schreibe auf, wie du dir deinen Traumberuf vorstellst.

Wörter mit doppeltem Selbstlaut

In einigen Wörtern wird der lang gesprochene Selbstlaut verdoppelt. 26

1. Ordne die Nomen (Namenwörter) mit doppeltem Selbstlaut richtig zu.

Waage | Moos | Idee | Tee | Saal | Boot

Aufgussgetränk – ______ großer Raum – ______ Pflanze – ______

Messgerät – ______ kleines Schiff – ______ Gedanke – ______

2. Diese Nomen (Namenwörter) passen nicht zusammen. Schreibe sie richtig auf.

Haarbeet | Seetee | Blumenpferd | Musikspange | Früchteboot | Segelsaal

Das musst du dir merken:
ein **P**aar =
zwei, die zusammengehören

ein **p**aar =
einige.

27

3. Setze **Paar** oder **paar** richtig ein.

ein ______ Schuhe ein ______ Haarschleifen ein ______ Stiefel

ein ______ Kaffeetassen ein ______ Taschen ein ______ Ohrringe

4. Lies den Vers. Unterstreiche alle Wörter mit doppeltem Selbstlaut.

Über einem Weg mit Schnee,
da schwebte eine Märchenfee.
Sie hatte schönes schwarzes Haar,
doch Stiefel nicht ein einzig Paar.

3

5. Übe mit diesem Vers das richtige Aufschreiben.
Du kannst selbst solche Verse bilden und aufschreiben.

Wörter aus fremden Sprachen

> Wörter aus fremden Sprachen nennen wir Fremdwörter. Sie werden häufig anders geschrieben als gesprochen. Du musst sie dir gut merken.

28

1. Schreibe die Fremdwörter zu den passenden Bildern.

Skateboard | Jeans | trainieren | Shorts

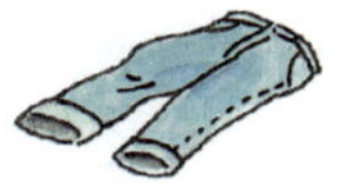

______ ______ ______ ______

2. Sprich die Fremdwörter aus Aufgabe 1 deinem Partner vor. Unterstreiche die Stellen im Wort, die du anders schreiben musst, als du sie sprichst.

3. Ordne die Fremdwörter ihrer Bedeutung richtig zu.

Shorts | Quiz | Steak | Puzzle | Information | Recycling

Frage- und Antwortspiel – ______ Geduldsspiel – ______

kurze Hose – ______ Wiederverwendung – ______

25

4. Bilde zusammengesetzte Nomen (Namenwörter) mit Fremdwörtern.

Jeans | Recycling | Quiz + Abend | Anlage | Stoff

5. Auch das sind Fremdwörter. Schreibe sie getrennt auf: *trai-nie-ren.*
Nimm dein Wörterbuch zu Hilfe.

Maschine | Restaurant | Operation | Klavier | Pizza | Mathematik | Internet

6. Suche dir sechs Fremdwörter dieser Seite aus.
Verwende sie in einer kurzen Geschichte.

Wörtliche Rede und Redebegleitsatz

Max jubelt: *Unsere Mannschaft hat gewonnen!* , jubelt Max.

1. Trage ein, was Max wörtlich sagt.

Max jubelt: „ ____ !“

Redebegleitsatz : „ wörtliche Rede !(.?)“

29 Wenn der Redebegleitsatz vor der wörtlichen Rede steht, endet er mit einem Doppelpunkt. Die wörtliche Rede steht immer in Anführungszeichen. Das erste Wort in der wörtlichen Rede schreibe ich groß.

2. Unterstreiche die Redebegleitsätze.
Beginne die wörtliche Rede mit den richtigen Wörtern.
Setze alle Satzzeichen ein.

Hassan jammert ______________ haben wir leider verloren

Manuel fragt ______________ konnte denn das passieren

Hassan schimpft ______________ Torwart hat große Fehler gemacht

unser

wie

heute

3. Trage die Bezeichnungen **wörtliche Rede** und **Redebegleitsatz** ein.
Unterstreiche das erste Wort im Redebegleitsatz.

„Unsere Mannschaft hat gewonnen!“, jubelt Max.

Achte auf die Zeichensetzung!

30 Wenn der Redebegleitsatz nach der wörtlichen Rede steht, wird er durch ein Komma abgetrennt. Nach dem Komma schreibe ich klein weiter.
Beim Aussagesatz fällt der Punkt weg:
„Wir haben leider verloren“, jammert Faruk.

4. Stelle in den Sätzen aus Aufgabe 2 den Redebegleitsatz und die wörtliche Rede um. Achte auf die Zeichensetzung und die Schreibweise des ersten Wortes im Redebegleitsatz.

____

____

____

____

____

5. Unterstreiche wörtliche Rede und Redebegleitsatz mit verschiedenen Farben. Setze alle Satzzeichen ein.

Soll ich etwa schon wieder allein einkaufen gehen   fragt Anna ärgerlich

Ihr Bruder lacht   Das ist doch schließlich auch Mädchensache

Das siehst du völlig falsch   antwortet ihm die Mutter

Sie meint   Ich finde es gut, wenn ihr das gemeinsam macht

Dann nimm schon die Tasche und komm endlich   fordert Anna ihren Bruder auf

Jetzt kann ich wieder nicht Fußball spielen   jammert er

Das kannst du hinterher immer noch   meint seine Schwester

Doch er mault weiter   Dabei sollte ich heute sogar im Tor stehen

Aber seine Schwester meint nur   Wenn wir uns jetzt beeilen,

kommst du schon noch rechtzeitig hin

Also los   fordert sie ihn auf

3

6. Schreibe die Sätze aus Aufgabe 5 mit allen Satzzeichen richtig ab. Du kannst dazu auch deinen Computer verwenden.

Hilfen zum richtigen Schreiben

❶ **deutlich mitsprechen und hören**	Es gibt Wörter, bei denen jeder Buchstabe bzw. jede Buchstabenverbindung (ch, sch) als Laut zu hören ist. Diese Wörter kannst du so schreiben, wie du sie hörst und sprichst. Prüfe, bei welchen der folgenden Wörter dir deutliches Sprechen und genaues Hinhören hilft, sie richtig zu schreiben. Unterstreiche sie. Banane Limonade See Gemüse schauen Draht Straßenbahn Woche schreiben Fichte Verkehr Saal
❷ **an gelernte Regeln denken**	Es gibt Wörter, deren Schreibweise du herausfinden kannst, wenn du gelernte Regeln anwendest, z. B.: – Wörter verlängern (Bild – Bil - **d**er) – Wörter von einem verwandten Wort ableiten (tr**äu**men – Tr**au**m) – auf Wortbausteine achten (**g**lück**lich**, **I**mpf**ung** …) – die Grundform bilden und in Silben trennen (dre**h**t – dre - **h**en, …) Sprich mit deinem Partner darüber, welche der gelernten Regeln du anwenden kannst, um die folgenden Wörter richtig zu schreiben. Heizung Wald Rätsel er geht Burg lang Mäuse freundlich schmerzlos aufräumen Freiheit es glüht
❸ **Merkstellen einprägen**	Es gibt Wörter, bei denen dir Mitsprechen und Nachdenken über Gelerntes nicht hilft. Du schreibst sie nur dann richtig, wenn du dir die Merkstelle eingeprägt hast. Welche der folgenden Wörter enthalten Merkstellen? Unterstreiche sie. Frühling Waage Hexe Gebäude zeichnen wild schalten Höhle Moos er steht hängen Fuchs

1. Welche der Hinweise von Seite 58 helfen dir, richtig zu schreiben? Ordne alle Wörter der Aufgaben 1, 2 und 3 von Seite 58 hier ein.

❶ **deutlich mitsprechen und hören**	schalten, lesen,
❷ **an gelernte Regeln denken**	Tag – Ta - ge, Korb – Kör - be, Bäume – Baum, kräftig – Kraft, Bewegung, Blindheit, gesetzlich, fehlerlos, blüht – blü - hen,
❸ **Merkstellen einprägen**	Lexikon, Haar, wachsen,

2. Welche Wörter dieser Seite würdest du gerne im Wörterbuch nachschlagen, bevor sie dir diktiert werden? Schreibe sie auf.

Auskünfte im Internet

Übungswörter

Stadt	beginnen
wissen	niemals
betreffen	Auskunft
Draht	Stoff
Miete	Raum
Internet	nützlich
besetzt	Spaziergang
Recycling	

Anna braucht Stoff für ihren Aufsatz. Sie will im Internet nützliche Informationen zum Stichwort Recycling finden. Sie betritt den Raum und schaut betroffen. Opa hat schon den Computer besetzt! „Niemals hätte ich so schnell etwas über die Mieten in unserer Stadt herausgefunden wie im Internet!“, ruft er begeistert. „Aber Opa, ich muss dringend an den Computer“, sagt Anna. „Weißt du was? Dann mache ich jetzt einen Spaziergang, bevor gleich die Drähte zu glühen beginnen“, antwortet Opa.

1. Lies die Geschichte.
Berichte deinem Partner, wofür du das Internet nutzt.

2. Lies die **Übungswörter**. Unterstreiche sie im Text.
Erkläre deinem Partner unterschiedliche Formen.

3. Gib deinem Partner an, welche Hilfen du anwendest, um die **Übungswörter** richtig zu schreiben.
Schreibe sie so geordnet auf.

deutliches Sprechen	an eine Regel denken	Merkstellen einprägen

4. Erkläre deinem Partner deine Zuordnung.

5. Trage die passenden **Übungswörter** in Druckschrift ein.

6. Welche **Übungswörter** bedeuten das Gegenteil? Schreibe sie auf.

jederzeit	ahnungslos sein	beenden	schädlich

7. Bei fünf **Übungswörtern** wird in der Mehrzahl aus dem Selbstlaut oder Doppellaut ein Umlaut.
Schreibe sie in Einzahl und Mehrzahl auf: *der Garten – die Gärten*

8. Ordne die verschiedenen Personalformen der richtigen Grundform der Verben (Tunwörter) zu. Kontrolliere mit dem Wörterbuch.

traf | begann | wusste | getroffen | trifft | weiß | begonnen | gewusst

beginnen: ______

treffen: ______

wissen: ______

9. Verwende die verschiedenen Formen der Verben (Tunwörter) aus Aufgabe 8 in Sätzen.

29

10. Unterstreiche im Text auf Seite 60 die wörtliche Rede.
Schreibe sie mit vorangestelltem Redebegleitsatz auf.

11. Unterstreiche wörtliche Rede und Redebegleitsatz unterschiedlich.
Ergänze alle Satzzeichen.

Das Internet ist wie ein großes Lexikon erklärt Anna. Aber du bekommst alle Informationen viel schneller fügt sie hinzu. Opa fragt Findest du dort wirklich auf alle Fragen eine Antwort Ich hätte gerne eine Auskunft über die Mieten auf dem Mars sagt er. Da bin ich jetzt überfragt antwortet Anna betroffen. Opa lacht Das war doch nur ein Witz

3

12. Schreibe die Sätze mit ihren Satzzeichen richtig auf.
Du kannst dazu auch deinen Computer verwenden.

Immer wieder anders schreiben

Übungswörter

niemand, ändern, Krieg, Pass, wieder, Dummheit, hoffentlich, nummerieren, Kreuz, Nuss, vollständig, blättern, Regel, gewinnen

Als Tim in einem alten Wörterbuch blättert, wundert er sich. Wörter wie Pass, Nuss und nummerieren sind dort anders geschrieben, als er es gelernt hat.
Wörter wie Kreuz, Krieg und Dummheit werden aber noch genauso geschrieben. Seine Mutter erklärt ihm, dass die Regeln der deutschen Rechtschreibung immer wieder geändert wurden, um sie einfacher zu machen: „Ihr trennt ja jetzt auch Wörter mit ck und st anders als wir früher.
Damit wurde schon viel gewonnen“, findet seine Mutter.
„Trotzdem kann niemand alle Regeln vollständig beherrschen.“
„Hoffentlich wird die Rechtschreibung einmal so geändert, dass ich alles klein schreiben darf“, sagt Tim.

1. Lies den Text. Sprecht in der Klasse darüber, von welchen Änderungen der Rechtschreibung ihr darin erfahrt.

2. Lies die **Übungswörter**. Unterstreiche sie im Text. Erkläre deinem Partner unterschiedliche Wortformen.

4

3. Gib deinem Partner an, welche Hilfen du anwendest, um die **Übungswörter** richtig zu schreiben. Schreibe sie so geordnet auf.

deutliches Sprechen	an eine Regel denken	Merkstellen einprägen

4. Welche **Übungswörter** passen? Trage sie in Druckschrift ein.

5. Schreibe die **Übungswörter** auf, die sich reimen. Unterstreiche, was gleich bleibt.

Fluss ______ Lieder ______ Sieg ______ Fass ______

6. Schreibe die verwandten **Übungswörter** auf.

Blatt → ______________________ anders → ______________________

29

7. Schreibe alle Sätze mit wörtlicher Rede so ab, dass immer der Redebegleitsatz voransteht. Setze alle Satzzeichen richtig.

8. Das Silbenrätsel enthält sechs **Übungswörter** mit doppeltem Mitlaut. Schreibe diese Wörter in ihre Silben getrennt auf.

blät- | Dumm- | voll- | -win- | -me- | -lich | -nen | num-

-dig | -rie- | hof- | -tern | -fent- | -ren | -heit | -stän- | ge-

____

____

9. Schlage das Verb (Tunwort) **gewinnen** im Wörterverzeichnis nach. Schreibe alle Formen auf, die du dort findest.

____

10. Setze die Formen des Verbs (Tunworts) **gewinnen** aus Aufgabe 9 in den Sätzen ein.

Der Tennisspieler hat das Turnier zum vierten Mal ______________________ .

Wieder einmal ______________________ Bayern München den deutschen Pokal.

Wer nichts wagt, der ______________________ auch nichts.

11. In einem Schulbuch aus dem Jahr 1876 fand die Klasse 4 a diese Trennregeln. Prüft, ob diese Regeln heute noch gültig sind. Schreibt die Wörter so auf, wie ihr heute trennt und vergleicht.

Die Buchstabenverbindungen ng, ps, sp, st, sz, tz und ck werden nicht getrennt, z. B. La - sten, kra - tzen, ha - cken, klo - pfen, Ge - spenst, schie - ßen, Fing - er.

12. Schreibe auf, welche Rechtschreibregeln du verändern würdest.

Das kannst du schon

1. Suche die Reimwörter in der Schlange. Ordne sie richtig zu. Ihre Anfangsbuchstaben ergeben den Namen einer gefährlichen Giftschlange.

lehren ______ Mohr ______ Kahn ______ führen ______ Fahnen ______

Sie heißt: __ __ __ __ __

2. Schreibe die Wörter mit **ie** richtig auf. Die Anfangsbuchstaben der Verben (Tunwörter) verraten dir, wo Eskimos wohnen.

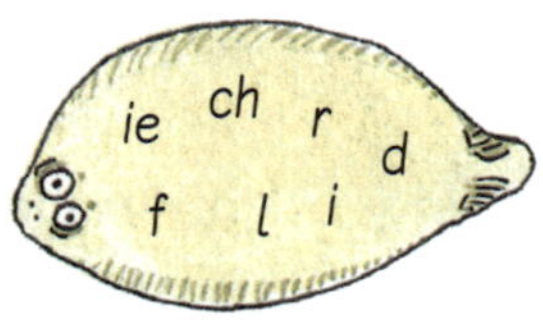

______ ______ ______ ______

______ ______ ______ ______

Eskimos wohnen im __ __ __ __.

3. Ergänze die richtigen Wörter mit doppeltem Selbstlaut.

wachsen auf dem Kopf

großer Raum

polsterähnliche grüne Pflanze

Gegenteil von voll

weißer Niederschlag im Winter

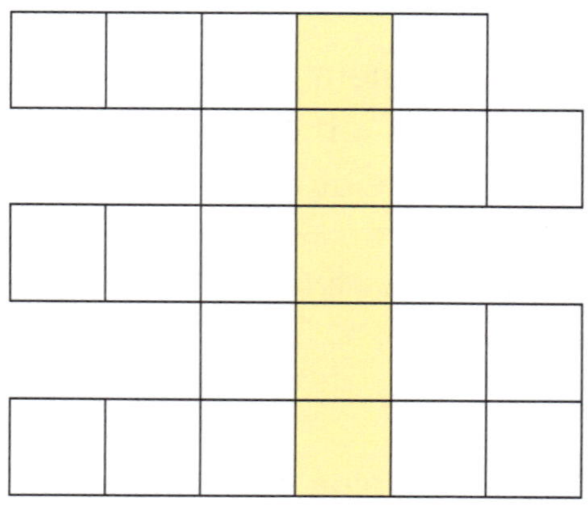

4. Bilde mindestens fünf zusammengesetzte Nomen (Namenwörter). Schreibe sie mit ihrem Artikel (Begleiter) auf.

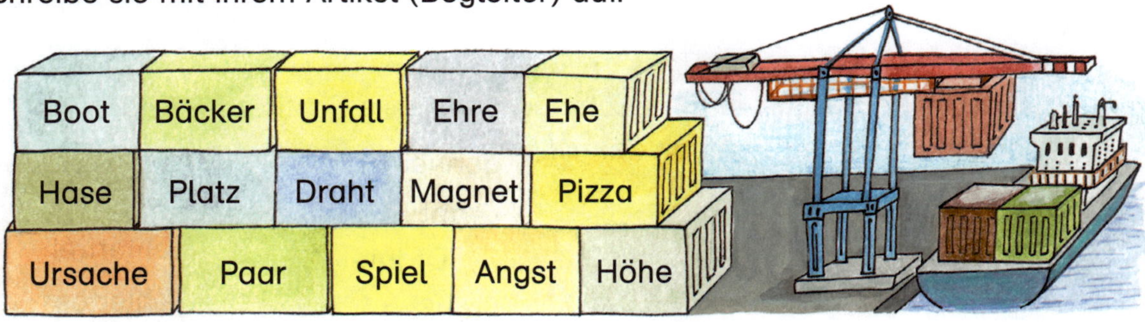

5. Bilde mit diesem Ausgangswort ein Wörterdomino. Du kannst das Wörterverzeichnis oder dein Wörterbuch benutzen.

Traumurlaub – Urlaubsreise – Reise ...

6. In diesem Rätsel musst du Wörter mit dem **ks**-Laut einsetzen.

Nachschlagewerk

Geld umtauschen

kleines Gebäck

an Größe zunehmen

Gegenteil von rechts

einheimisches Raubtier mit rotem Fell

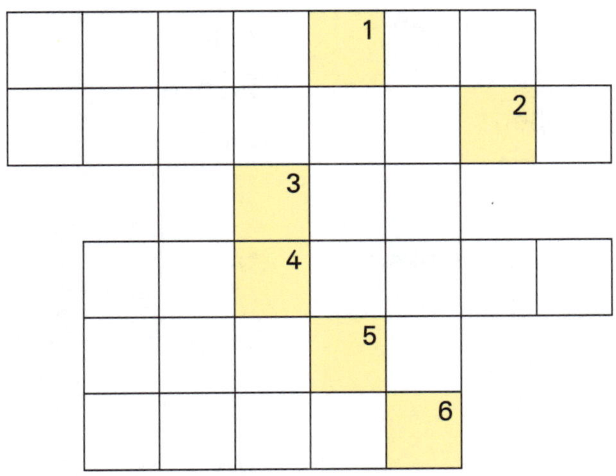

Mit den Buchstaben in den nummerierten Feldern erhältst du ein Lösungswort:

__ __ __ __ __ __
1 2 3 4 5 6

Wörterverzeichnis

A/a

ähnlich
Ähnlichkeit
ändern
anfertigen
Angst
ängstlich
ärgern
Arzt
aufräumen
Auskunft

B/b

backen
Bäcker
Bahn
bauen
beginnen
begann
begonnen
Beispiel
beißen
biss
belohnen
Bequemlichkeit
bereit
bereits
Beruf
besetzt
besser
bestimmen
bestimmt
betreffen
Bett
bevor
biegen
bog
Biss
bisschen
blättern
Blick
blicken
blind
Blindheit
Blitz
Block
bloß
blühen
bohren
Bohrer
boxen
Brand
brav
brennen
brannte
Brille
Büchse
Bühne

C/c

Christ

D/d

Decke
Deutlichkeit
Diskette
diskutieren
Donner
donnern
Draht
Drähte
draußen
Dreck
dreckig
drehen
drohen
Druck
drücken
dumm
Dummheit
dünn
Durst

E/e

Ecke
eckig
ehrlich
Ehrlichkeit
empfindlich
Empfindlichkeit
entfernen
Entfernung
entwickeln
Entwicklung
erlauben
Erlebnis
ernähren
erschrecken
Erwartung
erzählen

F/f

Fehler
fehlerfrei
fehlerlos
fertig
fett
Fett
Feuchtigkeit
Fichte
Fleiß
fleißig
fliegen
fließen
floss
Flugzeug
Fluss
Flüsse
Flüssigkeit
frei
Freiheit
fressen
frisst
fraß
Frieden
friedlich
frieren
fror
fröhlich
Fröhlichkeit
Fuchs
fühlen
führen
Führung

Das hast du in der vierten Klasse gelernt

S.		Begriff	Das merkst du dir	Beispiel
6	1	zwei Mitlaute nach kurzem Selbstlaut	Nach einem betonten kurz gesprochenen Selbstlaut oder Umlaut folgen meist zwei Mitlaute.	*Ampel* *hüpfen*
7	2	doppelter Mitlaut kurzer Selbstlaut – zwei verschiedene Mitlaute	Folgt auf einen betonten kurz gesprochenen Selbstlaut oder Umlaut nur ein Mitlaut, so wird dieser meist verdoppelt. Der Mitlaut wird nicht verdoppelt, wenn auf einen betonten kurz gesprochenen Selbstlaut zwei verschiedene Mitlaute folgen.	*Tanne* *schaffen* *fallen – falten* *Herr – Herz*
10	3	Wörter mit tz oder z	Nach einem kurz gesprochenen Selbstlaut oder Umlaut schreibe ich statt Doppel-**z** meist **tz**. Nach **l**, **n**, **r** steht kein **tz**.	*Blitz* *schwitzen* *Holz, kurz* *tanzen*
11	4	Wörter mit ck oder k	Nach einem kurz gesprochenen Selbstlaut oder Umlaut schreibe ich statt Doppel-**k** meist **ck**. Nach **l**, **n**, **r** steht kein **ck**.	*Glück* *wecken* *Balken* *merken*
12	5	Wörter mit ss und ß	Der **s**-Laut wird nach einem lang gesprochenen Selbstlaut oder Umlaut oder nach einem Doppellaut (Zwielaut) als **ß** geschrieben.	*Spaß* *grüßen* *Fleiß*
14	6	Wörter mit Ver-/ver- und Vor-/vor-	Mit den Wortbausteinen **Ver-/ver-** und **Vor-/vor-** kann man neue Wörter bilden. Sie werden immer mit **V/v** geschrieben.	*verbinden* *Verbot* *vorlesen*
20	7	Wortstamm Wortfamilie	Wörter mit dem gleichen Wortstamm gehören zu einer Wortfamilie. Sie sind miteinander verwandt. Der Wortstamm hilft dir, alle Wörter einer Wortfamilie richtig zu schreiben.	*kühl* *kühlen* *Kühlung*
22	8	Wörter trennen – ein Mitlaut oder zwei Mitlaute zwischen zwei Selbstlauten	Steht ein Mitlaut zwischen zwei Selbstlauten, kommt er beim Trennen zur zweiten Silbe. Stehen zwei Mitlaute zwischen zwei Selbstlauten, wird der zweite Mitlaut abgetrennt. Dies gilt auch für Mitlaute nach Umlauten und Doppellauten (Zwielauten).	*Kä - fig* *mi - xen* *Schär - fe* *Hun - ger* *set - zen*

S.		Begriff	Das merkst du dir	Beispiel
22	9	Wörter trennen – drei und mehr Mitlaute zwischen zwei Selbstlauten	Stehen mehrere Mitlaute zwischen zwei Selbstlauten oder zwischen einem Umlaut und einem Selbstlaut, wird der letzte abgetrennt.	*Karp - fen*
23	10	Wörter mit ch, ck, sch trennen	Die Laute **ch**, **ck** und **sch** werden nicht getrennt.	*ste - chen* *Brü - cke* *ra - scheln*
24	11	Wörter trennen – doppelter Mitlaut	Wörter mit einem doppelten Mitlaut trenne ich zwischen den zwei gleichen Mitlauten. So höre ich beide Mitlaute.	*Bril - le* *wis - sen* *Löf - fel*
25	12	Wörter trennen – doppelter Mitlaut	Wenn du nicht weißt, ob ein Wort mit doppeltem Mitlaut geschrieben wird, musst du ein zweisilbiges verwandtes Wort bilden und dieses in Silben trennen.	*dün - ner – dünn,* *Bet - ten – Bett,* *ren - nen – rennt*
26	13	Wörter mit Dehnungs-h	In vielen Wörtern wird nach einem betonten lang gesprochenen Selbstlaut ein Dehnungs-**h** eingefügt. Es steht oft vor **l**, **m**, **n** oder **r**.	*Fehler,* *Rahmen,* *wohnen,* *bohren*
27	14	Wörter mit Dehnungs-h	Bei verwandten Wörtern bleibt das Dehnungs-**h** im Wortstamm erhalten.	*Führung* *führt* *ausführlich*
28	15	Wörter mit Dehnungs-h trennen	Bei Wörtern mit Dehnungs-**h** kommen beim Trennen **l**, **m**, **n** oder **r** zur zweiten Silbe. Das Dehnungs-**h** bleibt bei der ersten Silbe.	*Feh - ler* *Büh - ne* *woh - nen*
29	16	Wörter mit silbentrennendem **h** trennen	Beim Trennen kommt das silbentrennende **h** zur zweiten Silbe. Ich höre das silbentrennende **h**, wenn ich das Wort trenne. Es bleibt in der Wortfamilie erhalten.	*dre - hen* *blü - hen* *Schu - he*
32	17	i-Laut	Einen lang gesprochenen **i**-Laut schreiben wir meist mit **ie**. Bei verwandten Wörtern bleibt **ie** im Wortstamm erhalten.	*Spiegel* *tief – Tiefe*
35	18	i-Laut	Bei einigen Wörtern wird der lang gesprochene **i**-Laut nur mit **i** geschrieben. Du musst sie dir gut merken.	*Lid, Stil, Igel, Ruine, Kabine*

S.		Begriff	Das merkst du dir	Beispiel
37	19	Adjektive (Wiewörter) mit **-lich** und **-ig**	Mit den Nachsilben **-lich** und **-ig** werden aus Nomen (Namenwörtern) Adjektive (Wiewörter).	*die Jugend – jugendlich der Wind – windig*
38	20	Wörter mit **Ä/ä** oder **Äu/äu**	Ich schreibe Wörter meist mit **Ä/ä** oder **Äu/äu**, wenn es ein verwandtes Wort mit **A/a** oder **Au/au** gibt.	*fahren – fährt Traum – träumen*
46	21	Vorsilben	Vorsilben sind Wortbausteine, die Wörtern eine neue Bedeutung geben. Die Schreibweise des Wortes wird durch die Vorsilbe nicht verändert.	*stehen – entstehen – Entstehung*
48	22	Nachsilben **-heit**, **-keit**	Mit den Nachsilben **-heit** und **-keit** kann man Nomen (Namenwörter) bilden. Ich schreibe sie groß.	*gesund – Gesundheit ehrlich – Ehrlichkeit*
49	23	Nachsilben **-los**, **-isch**	Mit den Nachsilben **-los** und **-isch** kann man Adjektive (Wiewörter) bilden. Ich schreibe sie klein.	*Wort – wortlos Neid – neidisch*
50	24	zusammen-gesetzte Wörter	Aus Nomen (Namenwörtern) kann ich ein zusammengesetztes Nomen (Namenwort) bilden, um mich kürzer und genauer auszudrücken. Ich schreibe es nur am Anfang groß.	*Auto + Schlange: Autoschlange*
51	25	zusammen-gesetzte Wörter	Aus einem Verb (Tunwort) oder aus einem Adjektiv (Wiewort) und einem Nomen (Namenwort) kann ich ein zusammengesetztes Nomen (Namenwort) bilden, um mich kürzer und genauer auszudrücken. Ich schreibe es groß.	*malen + Kasten: Malkasten glatt + Eis: Glatteis*
54	26	doppelter Selbstlaut	In einigen Wörtern wird der lang gesprochene Selbstlaut verdoppelt.	*Haar Meer Moos*
54	27	Paar – paar	Das musst du dir merken: ein Paar: zwei, die zusammengehören, ein paar: einige.	*ein Paar Schuhe ein paar Tassen*

S.		Begriff	Das merkst du dir	Beispiel
55	28	Fremdwörter	Wörter aus fremden Sprachen nennen wir Fremdwörter. Sie werden häufig anders geschrieben als gesprochen. Du musst sie dir gut merken.	*Jeans* *Quiz* *Recycling*
56	29	voran-gestellter Rede-begleitsatz	Wenn der Redebegleitsatz vor der wörtlichen Rede steht, endet er mit einem Doppelpunkt. Die wörtliche Rede steht immer in Anführungszeichen. Das erste Wort in der wörtlichen Rede schreibe ich groß.	*Mutter sagt: „Ich …"*
56	30	nachge-stellter Rede-begleitsatz	Wenn der Redebegleitsatz nach der wörtlichen Rede steht, wird er durch ein Komma abgetrennt. Nach dem Komma schreibe ich klein weiter. Beim Aussagesatz fällt der Punkt weg.	*„Das ist schön", sagt Mutter.*

So kannst du erfolgreich aufschreiben

1

So schreibst du Wörter zum Mitsprechen auf:

1. Sprich das Wort deutlich Laut für Laut: *z – ei – ch – n – e – n*
2. Schreibe das Wort und sprich dabei deutlich mit.
3. Lies das geschriebene Wort nun Laut für Laut.
4. Prüfe, ob du keinen Laut vergessen hast.
   Berichtige Fehler.

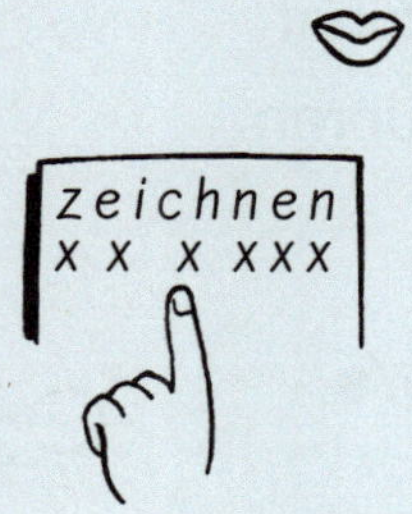

2

So schreibst du Wörter mit Besonderheiten auf:

1. Lies das Wort. Schaue es
   Buchstabe für Buchstabe an.
2. Unterstreiche Besonderheiten im Wort.
3. Merke dir das Wort. Decke es ab.
4. Sprich dir das Wort vor. Schreibe es
   auswendig auf.
5. Vergleiche mit der Vorlage.
   Berichtige Fehler.

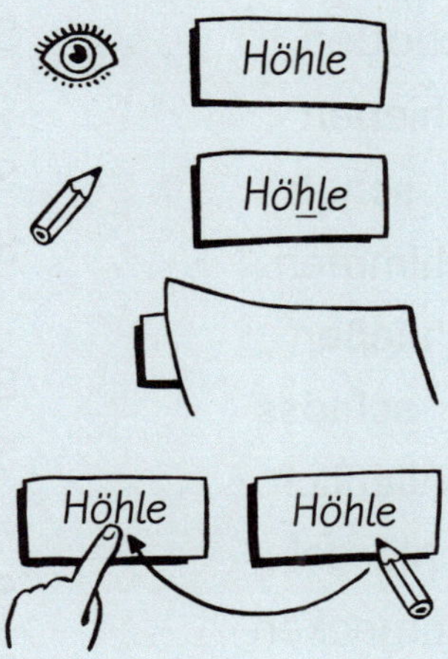

3

So schreibst du Sätze auf:

1. Lies zuerst den ganzen Satz.
2. Teile den Satz in kurze Abschnitte ein.
3. Merke dir einen Abschnitt.
   Sprich ihn dir vor.
4. Decke diesen Abschnitt ab.
   Schreibe ihn auswendig auf.
5. Vergleiche mit der Vorlage und
   überprüfe Wort für Wort.
   Berichtige Fehler.

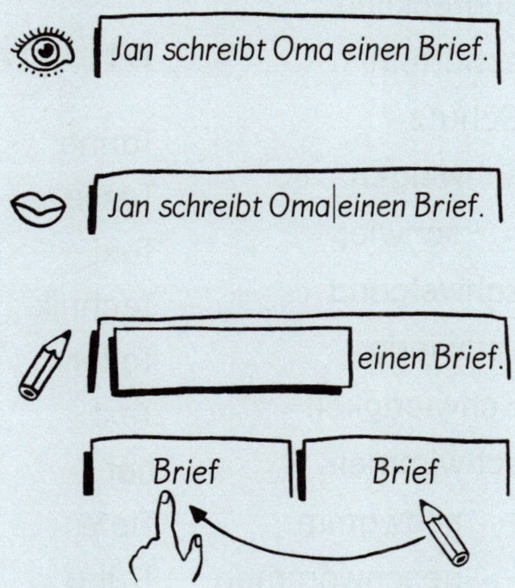

rennen
rannte
richtig
riechen
Ruhe
ruhig
Ruhm
rühren

S/s

sammeln
schaffen
Schall
Schärfe
Schatten
schieben
schob
schimpfen
schließen
schloss
schließlich
Schlüssel
schmecken
Schmutz
Schrecken
schrecklich
schütteln
Schutz
schweigen
schwieg
schweigend
schwierig
Schwierigkeit
schwimmen
schwamm
geschwommen
schwitzen
setzen
skizzieren
Spaß
Späße
Spaziergang
Spiegel
spiegeln
spitz
Spitze
Stadt
Städte
Stamm
Stämme
steigen
steuern
Stiel
stimmen
Stoff
Strand
Strände
Straße
Strauß
Sträuße
Streit
süß
Süßigkeit

T/t

Tanne
Tasse
Taxi
Technik
Teller
Text
tief
Tiefe
Träne
Traum
treffen
trifft
traf
getroffen
trocken

U/u

umkehren
Umwelt
ungefähr
Unterricht
Urlaub

V/v

verbieten
verbot
Verbot
verboten
verbrauchen
verbrennen
verbrannte
vergessen
vergisst
vergaß
verletzen
Verletzung
verlieren
verlor
verpacken
verschließen
verschmutzen
verschmutzt
Verschmutzung
verspäten
vielleicht
voll
vollständig
vorsichtig

W/w

wachsen
wuchs
Wahl
wählen
während
Wald
Wälder
wechseln
wecken
Wecker
wichtig
wieder
wiegen
wog
wissen
weiß
wusste
Wissen
wohnen

Z/z

zahm
zeichnen
ziehen
zog
Ziel
zielen
zukünftig
zuletzt
zurück

G/g 

Gebäude
Gefahr
gefährlich
Gefühl
geheim
Gemeinde
Geruch
geschehen
    geschieht
Gesetz
Gewächs
gewinnen
    gewann
    gewonnen
Gewitter
gießen
    goss
glatt
Glück
glücklich
glühen
Gott
grüßen

H/h 

Hang
hängen
hart
    härter
heller
Hitze
hoffen
hoffentlich
Höhe
hohl
Höhle

I/i 

Information
informieren
interessant
interessieren
Internet

J/j 

jemanden
jugendlich

K/k 

Käfig
Kamm
kämmen
kennen
    kannte
Kiefer
klettern
kratzen
Kreuz
kriechen
    kroch
Krieg
    Kriege
kühlen
Kuss

L/l 

Land
lang
    länger
Lärm
lassen
    lässt
Lehrer
Lehrerin
lesen
letzte
Lied
    Lieder
links
Löffel
Lohn

M/m 

Maß
messen
    misst
    maß
Messer
Miete
Mittag
Mitte
mixen
Moos
Müll

N/n 

Nachmittag
nah
Nähe
nähen
Nahrung
Naht
nass
Nässe
Natur
nehmen
niemals
niemand
Nummer
nummerieren
Nuss
nützlich

O/o 

offen
ohne

P/p 

Päckchen
packen
Pass
    Pässe
passen
Pause
Pilz
Plan

Qu/qu

quälen
Quelle

R/r 

Rahmen
raten
Rätsel
Raum
rechts
Recycling
Regel
Reh
    Rehe
reißen
    riss

So kannst du Fehler vermeiden

4

❶ **deutlich mitsprechen und hören**	Es gibt Wörter, bei denen jeder Buchstabe bzw. jede Buchstabenverbindung als Laut zu hören ist. Diese Wörter kannst du so schreiben, wie du sie hörst und sprichst.	B-a-n-a-n-e sch-r-ei-b-e-n
❷ **an gelernte Regeln denken**	Es gibt Wörter, deren Schreibweise du herausfinden kannst, wenn du gelernte Regeln anwendest, z. B.:	
	– Wörter verlängern	Bil**d** – Bil - **d**er
	– Wörter von einem verwandten Wort ableiten	tr**äu**men – Tr**au**m
	– auf Wortbausteine achten	recht**los** Frei**heit**
	– die Grundform bilden und in Silben trennen	er dre**h**t – dre - **h**en
❸ **Merkstellen einprägen**	Es gibt Wörter, bei denen dir Mitsprechen und Nachdenken über Gelerntes nicht hilft. Du schreibst sie nur dann richtig, wenn du dir die Merkstelle eingeprägt hast.	W**aa**ge He**x**e fü**h**len

5

Schlage immer im Wörterbuch nach, wenn du unsicher bist:

- Orientiere dich an den Suchgruppen und Leitbuchstaben, wenn du Wörter nachschlägst.
- Wenn du dir über den Anfangsbuchstaben eines Wortes nicht sicher bist (Cola – C oder K?), so suchst du unter beiden Buchstaben.
- Verben schlägst du immer in der Grundform nach.